MANFRED HAHN

Die notwendige Verteidigung im Strafprozeß

Schriften zum Prozessrecht

Band 40

Die notwendige Verteidigung im Strafprozeß

Von

Dr. Manfred Hahn

DUNCKER & HUMBLOT / BERLIN

Alle Rechte vorbehalten
© 1975 Duncker & Humblot, Berlin 41
Gedruckt 1975 bei Buchdruckerei Bruno Luck, Berlin 65
Printed in Germany
ISBN 3 428 3314 0

Inhaltsverzeichnis

Einleitung 9

Erster Teil
Zum geltenden Recht 11

1. Abschnitt
Die Voraussetzungen der notwendigen Verteidigung 12

A. Die allgemeinen Voraussetzungen 12
    I. Die Regelung des § 140 II StPO 12
        1. Schwere der Tat 13
        2. Schwierigkeit der Sach- oder Rechtslage 14
        3. Mangelnde Verteidigungsfähigkeit des Beschuldigten 15
    II. Die Regelung des § 68 Ziff. 1 JGG 16

B. Besondere Fallgruppen 17
    I. Die Regelung des § 140 I StPO 17
        1. Schwere der Tat (Ziff. 1, 2, 3/2. Altern.) 17
        2. Beschränkungen der Verteidigungsmöglichkeit des Beschuldigten (Ziff. 3/1. Altern., 4, 5, 6, 7) 18
    II. Die Regelung des § 68 Ziff. 2, 3 JGG 21
        1. Entzug der Rechte des Erziehungsberechtigten und des gesetzlichen Vertreters (Ziffer 2) 22
        2. Möglichkeit der Anstaltsunterbringung des Beschuldigten zur Vorbereitung eines Gutachtens (Ziffer 3) 22

C. Sonderfälle 23
    I. Die Regelung des § 81 II StPO 23
    II. Die Regelung des § 117 IV StPO 24
    III. Die Regelung des § 118 a II StPO 25
    IV. Die Regelung des § 126 a II StPO 26
    V. Die Regelung des § 350 III StPO 26

2. Abschnitt
Der notwendige Verteidiger 28
    I. Der Wahlverteidiger 28
    II. Der Pflichtverteidiger 28
        1. Die Bestellung des Pflichtverteidigers 29
        2. Zur allgemeinen Qualifikation des Pflichtverteidigers .. 32
        3. Die Auswahl des Pflichtverteidigers 32

3. Abschnitt

Zur Durchführung der Pflichtverteidigung 35

    I. Das Verhältnis des Pflichtverteidigers zum Gericht und zum Beschuldigten 35

   II. Das Verhältnis des Beschuldigten zum Gericht 38

Zweiter Teil
Die geschichtliche Entwicklung   44

    I. Das alte deutsche Recht 44
       1. Das germanische Recht 45
       2. Das fränkische Recht 46

   II. Das inquisitorische Verfahren 48
       1. Der Inquisitionsprozeß 48
       2. Der gemeine Strafprozeß 51

  III. Das reformierte Verfahren 53
       1. Die Prozeßreform in den deutschen Staaten 56
       2. Die Entwicklung vom Erlaß der Reichsstrafprozeßordnung bis zur Gegenwart 60

Dritter Teil
Zur Situation im ausländischen Recht   67

    I. Die Voraussetzungen der notwendigen Verteidigung 67
   II. Zur Pflichtverteidigung 68
  III. Zur Durchführung der Pflichtverteidigung am Beispiel der USA und der Schweiz 72

Vierter Teil
Kritische Analyse und Vorschläge für eine zukünftige Regelung   74

1. Abschnitt

Unzulänglichkeiten der gegenwärtigen Regelung 74

    I. Die Voraussetzungen der notwendigen Verteidigung 74
       1. Die Regelungen des § 140 II StPO und des § 68 Ziff. 1 JGG 74
       2. Besondere Fallgruppen 77
       3. Sonderfälle 80

   II. Der Pflichtverteidiger 82
       1. Zur Qualifikation des Pflichtverteidigers 82
       2. Die Bestellung des Pflichtverteidigers 83
       3. Die Auswahl des Pflichtverteidigers 90

  III. Zur Durchführung der Pflichtverteidigung 91
       1. Das Verhältnis des Pflichtverteidigers zum Gericht und zum Beschuldigten 91
       2. Das Verhältnis des Beschuldigten zum Gericht 97

2. Abschnitt

Möglichkeiten für eine Reform 100

  I. Reformmodelle 100

    1. Die freiwillige Verteidigung mit Gewährung eines Armenrechts .. 100

    2. Die obligatorische Verteidigung 101

    3. Die grundsätzlich freiwillige und teilweise obligatorische Verteidigung 101

  II. Eigene Stellungnahme 101

    1. Zu den Aufgaben und Formen der Verteidigung 101

    2. Spezifische Funktion und Bedeutung der notwendigen Verteidigung und der Pflichtverteidigung 107

    3. Konsequenzen der gegenwärtigen Situation des Strafrechts für die notwendige Verteidigung im Strafprozeß 109

    4. Die grundsätzlich freiwillige und teilweise obligatorische Verteidigung als Konsequenz der gegenwärtigen Situation des Strafrechts 115

    5. Zu einer zukünftigen gesetzlichen Regelung 119
       a) Änderungen in der Strafprozeßordnung 119
       b) Änderungen im Jugendgerichtsgesetz 124
       c) Änderungen in der Bundesgebührenordnung für Rechtsanwälte 125

Schlußwort 127

Literatur- und Abkürzungsverzeichnis 128

Einleitung

„Prozeß vor Beginn geplatzt: Den Pflichtverteidigern sind die Gebührensätze zu niedrig" — „Anwälte gegen ‚Zwangsarbeit' " — „Anwälte drohen mit Streik" — „Angeklagte müssen warten: Pflichtverteidigern ist das Honorar zu gering"[1].

So und ähnlich lauteten die Schlagzeilen, die in den Jahren 1971 und 1972 immer wieder durch die westdeutsche Presse gingen. Zum ersten Mal wurde damit — über die unmittelbar Betroffenen hinaus — auch einer breiten Öffentlichkeit die Misere der Pflichtverteidigung im Strafprozeß bewußt gemacht.

Auf lokaler Ebene faßten mehrere Anwaltskammern „Boykottbeschlüsse" und ergriffen „Kampfmaßnahmen"[2]. In Nordrhein-Westfalen folgten im Herbst 1971 über 2 500 Anwälte einem „Streikaufruf" ihrer Standesorganisation und lehnten es ab, weiterhin Pflichtverteidigungen zu übernehmen[3].

In mehreren Fällen hatten sich auch Gerichte mit der Weigerung von Rechtsanwälten zu befassen, die ihnen übertragenen Pflichtverteidigungen auszuführen[4].

Konnte man hinter den vehement vorgebrachten Drohungen und Protesten der Anwälte zunächst noch ein echtes rechtspolitisches Anliegen vermuten, nämlich den Ausdruck eines mehr oder weniger tiefen Unbehagens an der gegenwärtigen Regelung der Pflichtverteidigung, so reduzierten sich bei näherer Betrachtung die vermeintlichen Reformbestrebungen auf rein pekuniäre Forderungen: Alle Beschlüsse, Resolutionen und sonstigen Kampfmaßnahmen sollten den Gesetzgeber lediglich dazu veranlassen, die Gebührensätze für Pflichtverteidigungen um genau

---

[1] Vgl. zu einer entsprechenden Meldung der „Frankfurter Allgemeinen Zeitung" vom 2. Juni 1971 die Erwiderung von Angersbach AnwBl 1971-282.

[2] Berichte über die örtlich beschlossenen und zum Teil auch durchgeführten Aktionen der Anwälte im einzelnen finden sich in AnwBl 1971-272 ff., 1972-308 f.

[3] Nach einer Meldung der Deutschen Presse-Agentur (dpa) vom 4. November 1971. Siehe ergänzend hierzu den voraufgegangenen Beschluß der in der Rechtsanwaltskammer Hamm zusammengeschlossenen Anwälte vom 20. Januar 1971 (abgedruckt in AnwBl 1971-68 f.).

[4] Interessant in diesem Zusammenhang die Entscheidungen LG Schweinfurt MDR 1972-708 = AnwBl 1972-287 f. mit Anmerkung von Dahs jun. AnwBl 1972-297 ff.; LG Waldshut MDR 1972-711 f.; OLG Bremen AnwBl 1972-229 f.

167 Prozent anzuheben[5]. Dies geschah dann auch durch eine am 1. November 1972 in Kraft getretene Gesetzesnovelle[6].

Es hieße freilich, das ganze Ausmaß der Problematik zu verkennen, wollte man die Kritik an den geltenden Vorschriften — so wie es die Anwälte getan haben — auf das Verlangen nach einer drastischen Gebührenerhöhung beschränken.

Zwar wird kaum jemand bestreiten, daß die Anhebung der vergleichsweise niedrigen Gebührensätze für Pflichtverteidigungen schon lange überfällig und darum dringend geboten war, doch wäre — rechtspolitisch gesehen — nichts verhängnisvoller, als es bei dieser Maßnahme bewenden zu lassen und nunmehr — voll innerer Zufriedenheit über das vollbrachte „Reformwerk" — wieder zur Tagesordnung überzugehen.

Mit dem Anheben der Gebührensätze wurde lediglich ein weiteres Mal an den Symptomen einer verfehlten gesetzlichen Regelung herumgedoktert; indes sind die wahren Ursachen der Misere dadurch nicht beseitigt worden. Diese sollen in der vorliegenden Untersuchung aufgezeigt werden, um daraus konkrete Forderungen für eine zukünftige gesetzliche Regelung ableiten zu können.

Geschichtliche Entwicklung und geltendes Recht der notwendigen Verteidigung und der Pflichtverteidigung werden deshalb nur insoweit behandelt, wie dies zur Einführung in die Problematik und zum besseren Verständnis der nachfolgenden kritischen Ausführungen erforderlich ist[7].

---

[5] Ein beredtes Spiegelbild hierfür sind insbesondere die Jahrgänge 1971 und 1972 des „Anwaltsblattes", des Organs des Deutschen Anwaltsvereins e. V. Vgl. auch den Beschluß der 30. Vollversammlung der Bundesrechtsanwaltskammer vom 1./2. Oktober 1971 zur Vergütung der Pflichtverteidigung (abgedruckt in AnwBl 1971-304).

[6] Gesetz zur Änderung der Bundesrechtsanwaltsordnung, der Bundesgebührenordnung für Rechtsanwälte und anderer Vorschriften vom 24. Oktober 1972 (BGBl I 2013 ff.).

[7] Umfassend kommentiert werden die §§ 140 ff. StPO sowie die übrigen gesetzlichen Regelungen der notwendigen Verteidigung und der Pflichtverteidigung in jüngster Zeit in der Dissertation von H. Schmidt.

Erster Teil

Zum geltenden Recht

Nach § 137 I StPO kann sich der Beschuldigte in jeder Lage des Verfahrens des Beistandes eines Verteidigers bedienen, also nicht nur während des Hauptverfahrens, sondern bereits im Stadium der staatsanwaltlichen Ermittlungen sowie in der gerichtlichen Voruntersuchung[1].

Grundsätzlich steht es dem Beschuldigten frei, ob er einen Verteidiger wählt[2] oder auf die Ausübung dieses Rechtes verzichtet, d. h. die Verteidigung ist freiwillig. Unter bestimmten Voraussetzungen schreibt das Gesetz die Mitwirkung eines Verteidigers am Verfahren jedoch zwingend vor; dies sind die Fälle notwendiger Verteidigung. Notwendige Verteidigung und Pflichtverteidigung stehen in einem engen sachlichen Zusammenhang, da der Umfang der ersteren naturgemäß für die letztere bedeutsam ist.

Die Voraussetzungen der notwendigen Verteidigung sind in § 140 StPO und für den Bereich des Jugendgerichtsverfahrens in § 68 JGG niedergelegt. Darüber hinaus regelt die Strafprozeßordnung Sonderfälle der notwendigen Verteidigung in den §§ 81 II, 117 IV, 118 a II, 126 a II, 350 III. Vorschriften über die Bestellung des Pflichtverteidigers sowie die Durchführung der notwendigen Verteidigung finden sich in den §§ 141 ff. StPO.

---

[1] Inwieweit dies in der Praxis dann auch tatsächlich möglich ist, wird an anderer Stelle dieser Arbeit untersucht.

[2] Zu Verteidigern können gemäß § 138 I StPO die bei einem deutschen Gericht zugelassenen Rechtsanwälte sowie die Rechtslehrer an deutschen Hochschulen gewählt werden.

1. Abschnitt

Die Voraussetzungen der notwendigen Verteidigung

Zu unterscheiden ist zwischen den allgemeinen Voraussetzungen nach § 140 II StPO und § 68 Ziff. 1 JGG, besonderen Fallgruppen (§ 140 I Ziff. 1 - 7 StPO, § 68 Ziff. 2, 3 JGG) sowie Sonderfällen der notwendigen Verteidigung, die in mehreren unzusammenhängenden Einzelvorschriften der Strafprozeßordnung geregelt sind.

A. Die allgemeinen Voraussetzungen

Die §§ 140 II StPO, 68 Ziff. 1 JGG legen allgemeine Voraussetzungen fest, bei deren Vorliegen die Mitwirkung eines Verteidigers am Verfahren erforderlich ist; sie geben dem Richter die Möglichkeit, in besonders gelagerten Fällen, die nicht von den kasuistischen Regelungen der übrigen Vorschriften erfaßt werden, dem Angeklagten einen Verteidiger zu bestellen.

Durch diese Art von Generalklauseln wird zwar der Umfang der notwendigen Verteidigung erheblich erweitert, durch die unscharfen Begriffsbestimmungen zugleich aber auch ein Element der Ungewißheit und der Unsicherheit in das Verfahren getragen.

I. Die Regelung des § 140 II StPO

Liegt kein Fall des § 140 I StPO vor, so bestellt nach § 140 II StPO[3] der Vorsitzende auf Antrag oder von Amts wegen einen Verteidiger, wenn wegen der Schwere der Tat oder wegen der Schwierigkeit der Sach- oder Rechtslage die Mitwirkung eines Verteidigers geboten erscheint oder wenn ersichtlich ist, daß sich der Beschuldigte nicht selbst verteidigen kann.

---

[3] Trotz § 140 I Ziff. 1 bleibt noch Raum für die Anwendung des § 140 II, da die Amtsgerichte nach § 24 I GVG zur Aburteilung von Verbrechen und Vergehen zuständig sind, wenn nicht die Zuständigkeit des Landgerichts nach § 74 a GVG, des Schwurgerichts oder des Oberlandesgerichts nach § 120 GVG begründet ist, im Einzelfall eine höhere Strafe als drei Jahre Haft oder die Anordnung der Sicherungsverwahrung nicht zu erwarten ist und die Staatsanwaltschaft nicht wegen der besonderen Bedeutung des Falles Anklage beim Landgericht erhebt.

1. Schwere der Tat

Der Begriff „Schwere der Tat" ist in gewisser Hinsicht irreführend. Die Delikte, die — was die Nachhaltigkeit der Rechtsgutverletzung als auch die Intensität der Schuld anbetrifft — als „schwer" einzuordnen sind, werden bereits durch § 140 I StPO weitgehend erfaßt[4]. Da aber § 140 II als Generalklausel eine Verteidigerbestellung gerade in solchen Fällen ermöglichen soll, die zwar nicht von § 140 I erfaßt werden, in denen aber die Mitwirkung eines Verteidigers am Verfahren zum Schutze des Angeklagten dennoch geboten ist, muß der Begriff „Schwere der Tat" hier extensiv ausgelegt werden.

Ob eine Tat als „schwer" im Sinne dieser Vorschrift einzustufen ist, ergibt sich nicht allein aus dem Maß der schuldhaften Auflehnung des Täters gegen die Rechtsordnung. Bedeutsam ist auch, wie nachteilig die Rechtsfolgen sind, die dem Beschuldigten wegen seiner Handlung im Einzelfall drohen[5], also die konkret zu erwartende Strafe[6]. Darüber hinaus ist aber auch zu berücksichtigen, welche nachteiligen Folgen dem Beschuldigten aus der Bestrafung oder Verhängung einer Maßregel für seinen privaten Lebensbereich erwachsen können[7].

Die Tatschwere kann deshalb auch dann zu bejahen sein, wenn eine längere Freiheitsstrafe nicht zu erwarten oder eine Strafaussetzung zur Bewährung möglich ist, die drohenden Rechtsfolgen den Beschuldigten aber — über den beabsichtigten Effekt der verhängten Strafe oder Maßregel hinaus — unverhältnismäßig hart treffen würden[8]. Besonders bei Straßenverkehrsdelikten droht dem Täter neben der Strafe in vielen Fällen die Entziehung der Fahrerlaubnis. Benötigt er diese zur Ausübung seines Berufes, so wird die drohende Maßregel für ihn geradezu zu einer Existenzfrage[9].

---

[4] Dünnebier in Löwe-R I § 140 Anm. III, 2 vermutet, daß der Fall der Tatschwere versehentlich im Gesetz stehengeblieben ist, als die Verteidigung bei allen Strafkammersachen und bei allen Verbrechenssachen notwendig gemacht wurde.

[5] Zutreffend Kleinknecht § 140 Anm. 4; Dünnebier in Löwe-R I § 140 Anm. III, 2. Dagegen stellt EbSchmidt Nachträge § 140 Rz. 26 allein auf die gesetzliche Strafdrohung, die Vielzahl der Einzeldelikte sowie die Größe des angerichteten Schadens ab. Vgl. auch OLG Köln MDR 1972-798 f.

[6] Kleinknecht § 140 Anm. 4; OLG Köln NJW 1972-1432. Maßstab ist hierbei die Strafgewalt des Amtsgerichts (§ 24 II GVG). — Dagegen soll nach Seibert DRiZ 1956-152 die objektive Strafdrohung entscheidend sein.

[7] H. W. Schmidt MDR 1958-644.

[8] In diesem Sinne auch H. Schmidt 117.

[9] Dies hebt insbesondere H. W. Schmidt MDR 1958-645 hervor. Vgl. auch OLG Hamm NJW 1957-1530.

2. *Schwierigkeit der Sach- oder Rechtslage*

Durch diese Regelung soll eine sachgemäße Verteidigung des Beschuldigten auch für den Fall sichergestellt werden, daß er die Sach- oder Rechtslage überhaupt nicht oder aber nur unzureichend erfassen kann und demnach auch nicht in der Lage ist, sich in ausreichender Weise zu verteidigen[10]. Auch diese Vorschrift dient also als Auffangtatbestand und kommt für alle Verfahren vor dem Amtsgericht in Betracht, bei denen die Mitwirkung eines Verteidigers nicht schon nach § 140 I Ziff. 2 - 7 notwendig ist[11].

Schwierigkeit der Sachlage ist z. B. anzunehmen, wenn die Staatsanwaltschaft in einer umfangreichen Sache gegen den in erster Instanz freigesprochenen Angeklagten in zweiter Instanz das Ziel verfolgt, die Verurteilung aufgrund einer abweichenden Beweiswürdigung zu erreichen[12].

Schwierig ist die Sachlage auch, wenn sich der Angeklagte nicht ohne Akteneinsicht verteidigen kann. Dies ist beispielsweise dann der Fall, wenn die Akten Sachverständigengutachten oder Berichte der Ermittlungshilfe enthalten, die zu Beweisanträgen Veranlassung geben könnten[13] oder wenn ein wichtiger Zeuge in wesentlichen Punkten mehrfach widersprüchliche und wechselnde Aussagen gemacht hat[14], weil dann die nötigen Vorhalte nicht ohne Kenntnis des Akteninhalts gemacht werden können.

Ein Anzeichen für die Schwierigkeit der Rechtslage ist z. B. gegeben, wenn bereits zwei Instanzen aus Rechtsgründen zu abweichenden Entscheidungen gekommen sind[15]. Als schwierig wird die Rechtslage auch in den Fällen anzusehen sein, in denen die Eröffnung des Hauptverfahrens aus Rechtsgründen abgelehnt wurde und dann die Eröffnung im Beschwerderechtszug erfolgt ist. Generell ist die Schwierigkeit der Rechtslage immer dann zu bejahen, wenn rechtliche Probleme in den Fall hineinspielen, deren Lösung Schwierigkeiten bereitet oder deren Beurteilung umstritten ist[16].

---

[10] OLG Celle NJW 1964-877; H. Schmidt 118. Nicht entscheidend ist deshalb, ob Richter oder Staatsanwalt die Sach- oder Rechtslage übersehen können.

[11] Allgemein dazu Krey NJW 1970-1908 f.

[12] Dünnebier in Löwe-R I § 140 Anm. III, 3; OLG Bremen DRpfl 1960-62.

[13] BGH LM § 140 Nr. 18; Dünnebier in Löwe-R I § 140 Anm. III, 3.

[14] KMR § 140 Anm. 5 b; Kleinknecht § 140 Anm. 4.

[15] Übereinstimmend H. W. Schmidt MDR 1958-645; Dünnebier in Löwe-R I § 140 Anm. III; KMR § 140 Anm. 5 b; OLG Bremen NJW 1957-151.

[16] Siehe dazu im einzelnen H. W. Schmidt MDR 1958-645.

3. Mangelnde Verteidigungsfähigkeit des Beschuldigten

Bei dieser Voraussetzung stellt das Gesetz, unabhängig von der Schwere der Tat und der Schwierigkeit der Sach- oder Rechtslage, allein auf die persönliche Qualifikation des Beschuldigten ab. Seine Verteidigungsunfähigkeit kann ihre Ursache sowohl in geistigen als auch in körperlichen Gebrechen haben. Maßgebend ist stets, ob der Angeklagte in der Lage ist, die volle Bedeutung der Verteidigung zu erkennen und auch entsprechend dieser Einsicht zu handeln[17].

Bei der Beurteilung seiner geistigen Fähigkeiten ist es deshalb von Bedeutung, ob er in der Lage ist, einer Verhandlung in dem notwendigen Maße zu folgen, rasch zu verstehen, sich schriftlich und mündlich verständlich auszudrücken, juristische Argumente wenigstens bis zu einem gewissen Grade zu erfassen und auf sie einzugehen.

Aus diesem Grunde kann — ungeachtet der Hinzuziehung eines Dolmetschers — die Mitwirkung eines Verteidigers auch dann erforderlich sein, wenn der Beschuldigte der deutschen Sprache nicht mächtig ist[18], weil er häufig Schwierigkeiten haben wird, seine Gedanken so verständlich auszudrücken, wie dies zu einer sachgerechten Verteidigung erforderlich wäre.

Zu denken ist auch an einen Beschuldigten, der — ohne geisteskrank zu sein — in seiner geistigen Entwicklung erheblich zurückgeblieben ist[19]. Auch eine durch hohes Alter bedingte geistige Unbeweglichkeit sowie ein durch eine besondere seelische Notlage oder dergleichen hervorgerufener hochgradiger Erregungszustand können Grund für eine Verteidigungsunfähigkeit sein, ebenso die psychischen Veränderungen während einer Schwangerschaft[20].

Die Verteidigungsunfähigkeit, die sich nicht mit der *Verhandlungsunfähigkeit* zu decken braucht[21], kann ihre Ursache auch in einem körperlichen Leiden des Beschuldigten haben. So wird ein Verteidiger regelmäßig dann notwendig sein, wenn der Beschuldigte zwar nicht taub, aber hochgradig schwerhörig ist[22] oder wenn er an einer erheblichen Sprachstörung (z. B. starkes Stottern) leidet[23] oder wenn er blind oder stark sehbehindert ist[24].

---

[17] Zutreffend H. Schmidt 121; vgl. auch RG JW 1934-901 f.; OLG Köln NJW 1972-1432; dass. MDR 1972-798 f.
[18] H. W. Schmidt MDR 1958-644.
[19] RG JW 1934-901; BGH AnwBl 1963-194.
[20] OLG Düsseldorf NJW 1964-877.
[21] OLG Düsseldorf NJW 1964-877.
[22] OLG Hamm NJW 1952-1190; EbSchmidt LK II § 140 Rz. 20.
[23] EbSchmidt LK II § 140 Rz. 20.
[24] Dünnebier in Löwe-R I § 140 Anm. 4; H. W. Schmidt MDR 1958-644.

II. Die Regelung des § 68 Ziff. 1 JGG

Nach § 68 Ziff. 1 JGG bestellt der Vorsitzende dem Beschuldigten in den Fällen einen Verteidiger, in denen auch einem Erwachsenen ein Verteidiger zu bestellen wäre[25]. Diese Vorschrift dient lediglich der Klarstellung, denn an und für sich läßt sich ihr Inhalt bereits aus § 2 JGG entnehmen; danach gelten in Jugendsachen die Vorschriften des allgemeinen Rechts immer dann, wenn im Jugendgerichtsgesetz nichts anderes bestimmt ist.

Im Hinblick auf die Besonderheit des Jugendverfahrens, das vom Erziehungsgedanken beherrscht ist[26], wird von der Lehre mit Recht gefordert, von der Möglichkeit der Verteidigerbestellung großzügig Gebrauch zu machen[27]; dies soll vor allem dann gelten, wenn die Verhängung einer Jugendstrafe zu erwarten ist.

Besondere Bedeutung kommt in diesem Zusammenhang dem letzten Fall der Generalklausel des § 140 II StPO zu („wenn ersichtlich ist, daß sich der Beschuldigte nicht selbst verteidigen kann"). Sehr viele Jugendliche sind in der Hauptverhandlung stark gehemmt oder beziehen — als Ausdruck einer Trotzreaktion — gegenüber Gericht und Staatsanwalt eine Abwehrhaltung. Wenn der gesetzliche Vertreter sie nicht zum Termin begleitet, kommen sie sich häufig vereinsamt vor und sind dann kaum dazu zu bewegen, Angaben zur Sache zu machen[28].

Verteidigungsunfähigkeit kann auch dann gegeben sein, wenn ein Mitangeklagter durch einen Anwalt verteidigt wird und der Angeklagte sich im Falle eines Interessengegensatzes (Rädelsführer/Mitläufer) u. U. noch zusätzlich gegen dessen Angriffe zu wehren hat[29]. Aber auch allein schon das Gefühl, dadurch benachteiligt zu sein, daß Mitangeklagte Verteidiger haben, er aber nicht, kann dem Angeklagten seine Verteidigung in unbilliger Weise erschweren[30].

Die Frage, ob die Mitwirkung eines Verteidigers geboten ist, verlangt im Jugendgerichtsverfahren auch mit Rücksicht auf die Rechtsmittelbeschränkung des § 55 JGG eine besonders sorgfältige Prüfung[31].

---

[25] Allgemein dazu Cohnitz 41 ff. Entschieden abzulehnen Reiche SchlHA 1965-225.

[26] Zu den Prinzipien des Jugendgerichtsverfahrens nimmt insbesondere Bauer 158 ff. ausführlich Stellung. Den Erziehungsgedanken betonen auch Grethlein/Brunner § 68 Anm. 2 a.

[27] Siehe hierzu im einzelnen Dallinger/Lackner § 68 Anm. 10 m. w. N.; a. A. Reiche SchlHA 1965-225.

[28] So aus den Erfahrungen in der Praxis Schaffstein 122 f.

[29] H. W. Schmidt MDR 1958-646.

[30] Im gleichen Sinne Dallinger/Lackner § 68 Anm. 10.

[31] Ebenso Dallinger/Lackner § 68 Anm. 10. Vgl. auch Grethlein/Brunner § 68 Anm. 2 a.

Ob ein Verteidiger mitwirken muß, wenn im vereinfachten Jugendverfahren gemäß §§ 76 ff. JGG verhandelt wird, ist selbst dann umstritten, wenn dem Jugendlichen ein Verbrechen zur Last gelegt wird[32].

B. Besondere Fallgruppen

§ 140 I StPO führt unter den Ziffern 1 bis 7 eine Reihe von Einzelfällen auf, bei deren Vorliegen die Mitwirkung eines Verteidigers notwendig ist. Im Jugendstrafrecht finden sich kasuistische Einzelbestimmungen in § 68 Ziff. 2, 3 JGG. Diese Einzelfälle können auch zur Beurteilung für die Notwendigkeit der Verteidigung unter den Voraussetzungen des § 140 II StPO bzw. des § 68 Ziff. 1 JGG herangezogen werden.

I. Die Regelung des § 140 I StPO

Die in § 140 I unter den Ziffern 1 bis 7 genannten Fälle sind demnach letztlich nur Ausdruck der Generalklausel des Absatz 2[33]. Es muß also auch möglich sein, diese Einzelfälle — analog etwa den in § 140 II aufgeführten Alternativen — zu besonderen Gruppen zusammenzufassen.

Relativ unproblematisch ist die Zuordnung der Ziffern 3/1. Altern., 4, 5, 6, 7 zu einer Fallgruppe, die Beschränkungen der Verteidigungsmöglichkeit des Beschuldigten betrifft.

Dagegen kann man die Frage, welche Einzelfälle unter die Gruppe „Schwere der Tat" einzuordnen sind, sowohl unter dem Aspekt des Tatererfolgs als auch im Hinblick auf die konkret zu erwartenden Rechtsfolgen beantworten. Betrachtet man jedoch — wie bereits oben bei der Erörterung der allgemeinen Voraussetzungen der notwendigen Verteidigung ausgeführt — beide Kriterien als gleichermaßen bestimmend für die Tatschwere, so lassen sich die Ziffern 1, 2, 3/2. Altern. zu einer besonderen Gruppe zusammenfassen.

1. Schwere der Tat (Ziff. 1, 2, 3/2. Altern.)

Die Mitwirkung eines Verteidigers ist immer erforderlich, wenn die Hauptverhandlung im ersten Rechtszug vor einem Oberlandesgericht[34] oder vor einem Landgericht stattfindet. Daraus ergibt sich, daß die anderen Gründe, die in den Ziffern 2 bis 7 aufgeführt sind, nur noch

---

[32] Mit Recht hält Potrykus RdJ 1967-241 eine Nichtanwendung der Bestimmungen über die notwendige Verteidigung im vereinfachten Jugendverfahren für eine Verletzung von Art. 6 III c MRK und Art. 103 I GG.
[33] So auch Krey NJW 1970-1909.
[34] Das Oberlandesgericht ist als erste Instanz nur in Staatsschutzsachen zuständig (§ 120 GVG).

für die Strafsachen relevant sind, die in erster Instanz vor dem Amtsgericht (Einzelrichter oder Schöffengericht) verhandelt werden, denn in allen anderen Fällen ist die Verteidigung bereits aufgrund der Ziffer 1 notwendig.

Nach Ziffer 2 ist die Mitwirkung eines Verteidigers erforderlich, wenn dem Beschuldigten ein Verbrechen[35] zur Last gelegt[36] wird.

Ziffer 3/2. Altern. schreibt die Verteidigung vor, wenn das Verfahren zur Untersagung der Berufsausübung (§ 42 l StGB) führen kann. Kommt aufgrund der Anklage die Anordnung einer solchen Maßregel in Betracht, die derart gravierend in die Grundrechte des Betroffenen eingreifen würde, so kann aus dieser möglichen Rechtsfolge auf die Schwere der ihm zur Last gelegten Tat geschlossen werden.

In allen drei Fällen werden dem jeweiligen Beschuldigten eine nachhaltige Rechtsgutverletzung sowie eine starke Schuldintensität vorgeworfen. Im Falle einer Verurteilung hat er deshalb mit einer schweren Strafe zu rechnen. Diese drohenden Konsequenzen verlangen, ihn in besonderer Weise zu schützen.

Die Mitwirkung eines Verteidigers am Verfahren soll sicherstellen, daß das Urteil nur unter Beachtung aller gesetzlichen Formvorschriften sowie nach Ausschöpfung aller Entlastungsmöglichkeiten zustandekommt. Die zu erwartende strenge Bestrafung soll ein fehlerhaftes Urteil möglichst ausschließen.

Aus diesem Grunde bleibt im Falle der Ziffer 2 die Verteidigung solange notwendig, bis rechtskräftig entschieden ist, daß ein Verbrechen nicht vorliegt. Dies gilt auch dann, wenn der wegen eines Verbrechens Angeklagte, aber nur wegen eines Vergehens Verurteilte allein ein Rechtsmittel einlegt, weil er trotz §§ 331 I, 358 II 1 StPO in der Rechtsmittelinstanz wieder wegen eines Verbrechens verurteilt werden kann[37].

2. Beschränkungen der Verteidigungsmöglichkeit des Beschuldigten (Ziff. 3/1. Altern., 4, 5, 6, 7)

Bei den in den Ziffern 3/1. Altern., 4, 5, 6 und 7 geregelten Fällen wird entweder vermutet, daß der Beschuldigte in seiner Verteidigungsfähigkeit beschränkt ist oder es besteht schon von vornherein Klarheit darüber, daß er sich nicht sachgerecht verteidigen kann, so daß die Mitwirkung eines Anwaltes am Verfahren stets notwendig ist.

---

[35] Auszugehen ist vom Verbrechensbegriff des materiellen Strafrechts (§ 1 I StGB).
[36] Zum Begriff Dünnebier in Löwe-R I § 140 Anm. II, 2.
[37] RGSt 62-97.

Kann das Verfahren zur Unterbringung in einer Heil- oder Pflegeanstalt (§ 42 b StGB) führen (Ziff. 3/1. Altern.), so legt der vermutete geistige Defekt den Schluß nahe, daß sich der Beschuldigte vor Gericht ohne den Beistand eines Anwaltes nicht sachgerecht verteidigen kann.

Kommt zur Vorbereitung eines Gutachtens über den Geisteszustand des Beschuldigten seine Unterbringung in einer öffentlichen Heil- und Pflegeanstalt in Frage (§ 81 I StPO), so verlangt Ziffer 6 auch für diesen Fall die Bestellung eines Verteidigers.

An einen möglichen Unterbringungsbeschluß sind besonders strenge Maßstäbe anzulegen, da er zwangsläufig einen schwerwiegenden Eingriff in die Freiheitsrechte des Beschuldigten sowie eine Beeinträchtigung seines gesellschaftlichen Ansehens bedeutet. Dieser Eingriff ist nicht die Folge eines Urteilsspruchs, sondern liegt naturgemäß zeitlich vor einer rechtskräftigen Entscheidung über die Schuld des Angeklagten.

Daher bedarf der Beschuldigte in diesem Fall des Beistandes eines Verteidigers, um seine Rechte voll ausschöpfen zu können. Selbst wenn sich die Zweifel an seinem Geisteszustand als unbegründet herausstellen sollten, folgt die Notwendigkeit der Verteidigung allein schon aus der drohenden Beschränkung seiner persönlichen Freiheit und der Gefährdung seiner sozialen Stellung.

Deshalb ist der Verteidiger für das ganze Verfahren bis zu dessen rechtskräftiger Erledigung berufen und zwar ohne Rücksicht darauf, wie das Anstaltsgutachten ausfällt. Selbst wenn dieses die Zurechnungsfähigkeit bejaht, dauert die notwendige Verteidigung fort, da über die Zurechnungsfähigkeit das Gericht und nicht der Sachverständige zu entscheiden hat[38].

Die Frage, die durch die Anstaltsunterbringung nach § 81 I StPO aufgeworfen ist, bleibt also bis zur Rechtskraft offen; demnach kommt in dem Verfahren auch weiterhin die Anordnung der Maßregel des § 42 b StGB in Betracht. Somit treffen sich an diesem Punkt die Regelungen der Ziffern 3/1. Altern. und 6 und werden in ihren Voraussetzungen deckungsgleich.

Der Beschuldigte ist in seiner Verteidigungsfähigkeit auch beschränkt, wenn er taub oder stumm ist (Ziffer 4)[39].

---

[38] So mit aller Entschiedenheit Geerds ArchKrim Bd. 137 (1966)-158. Vgl. in diesem Zusammenhang auch Dünnebier in Löwe-R I § 140 Anm. 6; Schorn Richter 140; Löffler NJW 1951-821; Göppinger NJW 1961-245; RGSt 37-21 ff.; RGSt 67-259 ff.; BGH NJW 1952-797.

[39] Ob die Fähigkeit, zu hören oder zu sprechen, für immer oder nur vorübergehend aufgehoben ist, spielt keine Rolle; Schorn 59; Dünnebier in Löwe-R I § 140 Anm. II, 4; RG GA Bd. 59 (1912)-337 f.

Selbst schwere Sprachfehler oder hochgradige Schwerhörigkeit werden dagegen nicht als ausreichend erachtet, wenn der Beschuldigte noch befähigt ist, Gesprochenes aufzunehmen bzw. alles, was er zu seiner Verteidigung vorbringen möchte, in — wenn auch schwer — verständlicher Weise zum Ausdruck zu bringen.

Hier kommt eine Verteidigerbestellung nach § 140 II (3. Alternative) in Betracht[40], doch kann dies letztlich nicht befriedigen, da auf diese Weise das Ermessen des Vorsitzenden wieder über Gebühr strapaziert wird.

Nach Ziffer 5 ist die Mitwirkung eines Verteidigers notwendig, wenn der Beschuldigte sich mindestens drei Monate in derselben oder in einer anderen Sache in Untersuchungshaft oder aufgrund behördlicher Anordnung in einer Heil- oder Pflegeanstalt befunden hat und nicht mindestens zwei Wochen vor Beginn der Hauptverhandlung entlassen wird[41]. Der Verteidiger ist auch dann zu bestellen, wenn die dreimonatige Frist erst im zweiten Rechtszug überschritten wird[42].

Es ist anzunehmen, daß das Gesetz die Mitwirkung eines Verteidigers in den Fällen der Untersuchungshaft und der Anstaltsunterbringung deshalb für notwendig erachtet, weil es diese beiden Arten der Freiheitsentziehung als besonders hinderlich für eine Selbstverteidigung ansieht. Diese Begrenzung des Schutzbedürfnisses des nicht auf freiem Fuße befindlichen Angeklagten kann jedoch nicht überzeugen[43].

Zu begrüßen ist deshalb eine in jüngster Zeit ergangene Entscheidung des Oberlandesgerichts Schleswig[44], wonach auch einem Angeklagten, der sich seit mehr als drei Monaten in *Straf*haft befindet, ein Pflichtverteidiger beizuordnen ist.

Zutreffend führt das Gericht aus, daß eine entsprechende Anwendung des § 140 I Ziff. 5 hier deshalb geboten ist, weil ein solcher Angeklagter in der Möglichkeit, die Verteidigung genügend vorzubereiten, ebenso beschränkt ist, als wenn er sich in Untersuchungshaft befinden würde[45].

---

[40] Allgemein dazu KMR § 140 Anm. 4; EbSchmidt Nachträge § 140 Rz. 16; Schorn 59; H. Schmidt 97; OLG Hamm NJW 1952-1190.

[41] Die Bestellung eines Verteidigers nach Ziffer 5 ist aber wieder aufzuheben, wenn der Beschuldigte mindestens zwei Wochen vor Beginn der Hauptverhandlung aus der Untersuchungshaft oder aus der Heil- oder Pflegeanstalt entlassen wird (§ 140 III, 1 StPO). Zur Dauer der Freiheitsentziehung siehe Dünnebier in Löwe-R I § 140 Anm. II, 5 c. Vgl. auch OLG Karlsruhe NJW 1969-2028.

[42] OLG Bremen NJW 1951-454 f.

[43] Ebenfalls kritisch Krey NJW 1970-1908 f.; H. Schmidt 99; Dünnebier in Löwe-R I § 140 Anm. II, 5 a („Für die Reform bleibt eine großzügigere Regelung zu wünschen").

[44] MDR 1972-708.

[45] Damit hat die Rechtsprechung einer schon seit längerem von der Lehre

Erforderlich ist die Mitwirkung eines Verteidigers nach Ziffer 7, wenn die Hauptverhandlung gegen einen Abwesenden stattfindet[46]. Die Vorschrift bezieht sich, wie sich aus der Erwähnung des § 277 ergibt, nur auf das Hauptverfahren gegen Abwesende nach den §§ 276 bis 284 StPO[47]. Die Mitwirkung eines Verteidigers ist deshalb dann nicht erforderlich, wenn die Hauptverhandlung in einem anderen Verfahren gegen einen Abwesenden stattfindet[48].

Damit entspricht Ziffer 7 dem Grundsatz des rechtlichen Gehörs (Art. 103 I GG) sowie dem Gleichheitsgebot (Art. 3 I GG). Denn auch der abwesende Beschuldigte, der keinen Verteidiger gewählt hat, muß Gelegenheit erhalten, die zu seinem Fall von der Staatsanwaltschaft in der Hauptverhandlung vorgetragenen Rechtsansichten, die durchaus neu sein können, kennenzulernen und zu ihnen Stellung zu nehmen. Dies ist ihm jedoch ohne Verteidiger in der Regel nicht möglich. Folglich ist es auch nicht entscheidend, ob die Voraussetzungen des Abwesenheitsverfahrens wirklich vorliegen; es genügt, daß es tatsächlich durchgeführt wird[49].

II. Die Regelung des § 68 Ziff. 2, 3 JGG

Zwei weitere Fälle, in denen im Jugendstrafverfahren die Mitwirkung eines Verteidigers notwendig ist, regelt § 68 JGG in den Ziffern 2 und 3. Beide Vorschriften stellen eine für das Jugendverfahren notwendige Ergänzung zu den in § 140 I StPO geregelten Fällen dar, in denen ebenfalls schon von vornherein feststeht oder doch zumindest vermutet wird, daß der Beschuldigte durch gewisse Umstände daran gehindert ist, sich sachgerecht zu verteidigen.

---

erhobenen Forderung (vgl. z. B. Dünnebier in Löwe-R I § 140 Anm. II, 5 a; Kleinknecht § 140 Anm. 3) endlich entsprochen.

[46] Nach § 276 I StPO gilt ein Beschuldigter als abwesend, wenn sein Aufenthalt unbekannt ist oder wenn er sich im Ausland aufhält und seine Gestellung vor das zuständige Gericht nicht ausführbar oder nicht angemessen erscheint.

[47] Ebenso Dünnebier in Löwe-R I § 140 Anm. 7; KMR § 140 Anm. 4; H. Schmidt 103. Ziffer 7 gilt also nicht für die Fälle, in denen in Abwesenheit des Angeklagten verhandelt werden kann, z. B. in den Fällen der §§ 231 III, 232 I, 233 I StPO. Vgl. auch Schorn 60.

[48] z. B. im Beweissicherungsverfahren (§§ 285 ff.), im fortgesetzten Verfahren (§ 231 II), im Bagatellverfahren (§ 232) und in einem Verfahren, in dem der Angeklagte von der Verpflichtung zum Erscheinen in der Hauptverhandlung entbunden ist (§ 233 StPO).

[49] EbSchmidt LK II § 140 Rz. 26; Dünnebier in Löwe-R I § 140 Anm. II, 7; KMR § 140 Anm. 4; Schorn 60.

1. Entzug der Rechte des Erziehungsberechtigten und des gesetzlichen Vertreters (Ziffer 2)

Nach § 68 Ziff. 2 JGG bestellt der Vorsitzende dem Beschuldigten einen Verteidiger, wenn dem Erziehungsberechtigten und dem gesetzlichen Vertreter ihre Rechte nach dem Jugendgerichtsgesetz entzogen sind[50].

Die Entziehung der in § 67 I, II, III JGG geregelten Rechte des Erziehungsberechtigten und des gesetzlichen Vertreters nach § 67 IV JGG trifft in ihren Auswirkungen am nachteiligsten den jugendlichen Beschuldigten, der als Folge dieser Maßnahme in dem gegen ihn laufenden Verfahren ganz auf sich allein gestellt wäre.

Da der Erziehungsberechtigte bzw. der gesetzliche Vertreter nach § 67 I JGG wie der Beschuldigte selbst ein Recht darauf hat, gehört zu werden, Fragen und Anträge zu stellen oder bei Untersuchungshandlungen anwesend zu sein, wird der Jugendliche in seiner Verteidigungsmöglichkeit wesentlich beschränkt, wenn es zu einer Maßnahme nach § 67 IV JGG kommt. Dies bedeutet jedoch eine unbillige Härte für ihn, da er die Entziehung nicht zu verantworten hat.

Daher sorgt das Gesetz in einem solchen Fall für den Jugendlichen in doppelter Weise: durch Bestellung eines Pflegers zur Wahrnehmung seiner Interessen im anhängigen Strafverfahren (§ 67 IV 3 JGG) und durch Beiordnung eines Verteidigers.

2. Möglichkeit der Anstaltsunterbringung des Beschuldigten zur Vorbereitung eines Gutachtens (Ziffer 3)

Nach § 68 Ziff. 3 JGG bestellt der Vorsitzende dem Beschuldigten einen Verteidiger, wenn zur Vorbereitung eines Gutachtens über den Entwicklungsstand des Beschuldigten seine Unterbringung in einer Anstalt in Frage kommt[51]. § 68 Ziff. 3 JGG entspricht in seiner Ausgestaltung § 140 I Ziff. 6 StPO und stellt mithin lediglich eine im Jugendgerichtsverfahren notwendige Ergänzung dar.

Da ein möglicher Unterbringungsbeschluß zur Vorbereitung eines Gutachtens naturgemäß ergeht, bevor über die Schuld des Angeklagten rechtskräftig entschieden ist, bedarf eine solche Maßnahme, die zwangs-

---

[50] Dabei genügt nicht die Entziehung einzelner unerheblicher Befugnisse, sondern es muß sich um eine vollständige oder doch wesentlich einschneidende Entziehung der Rechte handeln. Auf Umfang und Bedeutung der zur Verhandlung stehenden Sache kommt es hingegen nicht an; Dallinger/Lackner § 68 Anm. 12.

[51] Dies ergibt sich mittelbar bereits aus § 73 JGG, der in einem solchen Fall die vorherige Anhörung des Verteidigers durch den Richter zwingend vorschreibt.

läufig mit einer Beschränkung der persönlichen Freiheit verbunden ist, besonders sorgfältiger Überlegung und strenger Prüfung.

Vom Jugendlichen und seinem Erziehungsberechtigten bzw. gesetzlichen Vertreter kann jedoch nicht erwartet werden, daß sie ihre Rechte mit der gebotenen Intensität wahrnehmen werden. Schon allein die Tatsache, daß Zweifel darüber bestehen, ob der Jugendliche einen seinem Alter entsprechenden Entwicklungsstand erreicht hat, macht die Mitwirkung eines Verteidigers erforderlich.

Die Verteidigung ist aber nicht nur für die Dauer des Beschlußverfahrens nach § 73 JGG notwendig, sondern bleibt auch während des ganzen Strafverfahrens erforderlich, unabhängig davon, ob die Unterbringung in einer Anstalt angeordnet ist oder nicht[52]. Zu einer sachgerechten Verteidigung kann es nämlich insbesondere erforderlich werden, dem Sachverständigen Fragen zu stellen oder Vorhaltungen zu machen. Dazu wird der Jugendliche jedoch nur schwerlich in der Lage sein, selbst wenn er einen seinem Alter entsprechenden Entwicklungsstand erreicht hat.

C. Sonderfälle

Bei den §§ 81 II, 117 IV, 118 a II, 126 a II und 350 III StPO handelt es sich um echte Fälle notwendiger Verteidigung. Dies gilt auch für die Regelungen, die einen Antrag des Beschuldigten auf Bestellung eines Verteidigers voraussetzen[53]. Es liegt nicht im Ermessen des Gerichts, ob es bei Vorliegen der übrigen Voraussetzungen einem solchen Antrag stattgibt oder nicht. Vielmehr hat der Vorsitzende dem Beschuldigten unverzüglich nach Stellung des Antrages einen Verteidiger zu bestellen[54].

I. Die Regelung des § 81 II StPO

§ 81 II schreibt die Bestellung eines Verteidigers vor, wenn zur Vorbereitung eines Gutachtens über den Geisteszustand des Beschuldigten seine Unterbringung und Beobachtung in einer öffentlichen Heil- oder Pflegeanstalt in Frage kommt. Eine Anstaltsunterbringung stellt nämlich eine Durchbrechung des Grundsatzes von der Unverletzlichkeit der persönlichen Freiheit (Art. 2 II 2 GG) dar[55].

Die Bestellung ist aus diesem Grunde nicht nur und nicht erst dann erforderlich, wenn ein Unterbringungsbeschluß ergehen soll, sondern

---

[52] Im gleichen Sinne Dallinger/Lackner § 68 Anm. 13.
[53] Zu Problemen, die sich aus dem Antragsrecht des Beschuldigten ergeben, siehe Seibert DRiZ 1956-152 f.
[54] Dazu im einzelnen Schorn 63.
[55] Siehe dazu insbesondere Löffler NJW 1951-821.

schon dann, wenn feststeht, daß über die Frage der Unterbringung gemäß § 81 I StPO zu entscheiden sein wird[56].

Der Verteidiger muß also schon vor dem Unterbringungsbeschluß bestellt werden, nämlich dann, wenn die Entscheidung über die Unterbringung zu treffen ist[57], beispielsweise wenn sie durch den Sachverständigen angeregt oder durch die Staatsanwaltschaft oder den Beschuldigten beantragt ist, ggf. also auch schon während des Vorverfahrens.

Stellt der Beschuldigte einen ernstgemeinten und mit sachlichen Gründen versehenen Antrag, ihn zur Vorbereitung eines Gutachtens über seinen Geisteszustand in einer öffentlichen Heil- oder Pflegeanstalt unterzubringen, so muß ihm ein Verteidiger bestellt werden. Es kommt nicht darauf an, ob das Gericht den Antrag als begründet ansieht oder nicht[58].

Der Sinn des § 81 II besteht darin, daß das Gericht eine Unterbringung soll weder anordnen noch ablehnen können, ohne daß dabei ein Verteidiger mitwirkt. Denn auch die Ablehnung kann schwerwiegende Folgen für den Angeklagten haben. Gerade, wenn seine geistige Gesundheit Anlaß zu Zweifeln gibt, muß mit der naheliegenden Möglichkeit gerechnet werden, daß er selbst nicht in der Lage ist, in dem Verfahren gemäß § 81 I StPO seine Interessen sachgemäß wahrzunehmen[59].

Der Wortlaut der Vorschrift könnte zu der Annahme verleiten, daß die Notwendigkeit der Verteidigung bereits mit dem Beschluß des Gerichts gemäß § 81, also der Unterbringung des Beschuldigten, seiner Entlassung aus der Anstalt oder der Erstattung des Gutachtens endet.

§ 81 II kann jedoch nur im Zusammenhang mit der weitergehenden Regelung des § 140 I Ziff. 6 StPO gesehen werden. Dadurch wird klargestellt, daß die Verteidigerbestellung nicht nur für die nach § 81 vorgesehene Beschlußfassung erfolgt, sondern bis zur rechtskräftigen Entscheidung erforderlich bleibt, unabhängig davon, ob die Unterbringung angeordnet wird oder nicht[60].

II. Die Regelung des § 117 IV StPO

Nach § 117 IV wird dem Beschuldigten, der noch keinen Verteidiger hat, für die weitere Dauer der Untersuchungshaft ein solcher bestellt, wenn deren Vollzug mindestens drei Monate gedauert hat und die

---

[56] BGH NJW 1952-797.
[57] KMR § 81 Anm. 3; RGSt 67-261.
[58] So mit aller Klarheit BGH NJW 1952-797.
[59] Hierauf weist auch BGH NJW 1952-797 besonders hin.
[60] Dies betonen übereinstimmend EbSchmidt LK II § 81 Rz. 13; KMR § 81 Anm. 3; Dünnebier in Löwe-R I § 81 Anm. 2; BGH NJW 1952-797.

Staatsanwaltschaft oder der Beschuldigte oder sein gesetzlicher Vertreter dies beantragt; über das Antragsrecht ist der Beschuldigte zu belehren.

Die Vorschrift will demjenigen Beschuldigten den Beistand eines Verteidigers sichern, der durch lange Freiheitsentziehung in seiner Verteidigung behindert ist[61].

§ 117 IV stellt jedoch nicht allein auf das infolge der langen Dauer des Freiheitsentzuges gesteigerte Schutzbedürfnis des Beschuldigten ab, sondern will vor allem verhindern, daß der Vollzug der Untersuchungshaft über den unbedingt notwendigen Zeitraum hinaus ausgedehnt wird[62]. Es soll sichergestellt werden, daß der Beschuldigte sein Recht auf möglichst frühzeitige Freilassung spätestens nach drei Monaten mit Hilfe eines sach- und fachkundigen Verteidigers intensiv wahrnehmen kann[63].

Der Verteidiger wird zwar sofort bestellt, sobald die Untersuchungshaft drei Monate andauert[64], jedoch nur für deren Dauer bis zur Zustellung der Anklageschrift[65]. Die Bestellung bleibt ohne neuen Beschluß für das weitere Verfahren wirksam, wenn der Beschuldigte nicht mindestens zwei Wochen vor der Hauptverhandlung aus der Haft entlassen wird[66].

III. Die Regelung des § 118 a II StPO

Notwendig ist die Verteidigung auch, wenn ein in Untersuchungshaft befindlicher Beschuldigter in einer mündlichen Verhandlung, in

---

[61] Daher ist es gleichgültig, ob der Beschuldigte ununterbrochen in Untersuchungshaft eingesessen hat oder ob diese unterbrochen war durch Verbüßung von Strafhaft oder Untersuchungshaft in anderer Sache, durch Aussetzung des Vollzugs (§ 116 StPO), durch Absehen von der Vollstreckung des Haftbefehls bei einem Jugendlichen (§ 72 I JGG) oder durch Entlassung mit nachfolgendem neuen Haftbefehl in der gleichen Sache, selbst wegen einer anderen, aber zum gleichen Verfahren gehörenden Straftat; in solchen Fällen sind die einzelnen Zeiten der Untersuchungshaft in dieser Sache zusammenzuzählen; Dünnebier in Löwe-R I § 117 Anm. 9 b. Vgl. aber auch KMR § 117 Anm. 3 a.

[62] Ebenso H. Schmidt 125.

[63] Daher kann hier — im Unterschied zu § 140 I Ziff. 5 StPO — Untersuchungshaft nur in derselben Sache in Betracht kommen.

[64] Allerdings kann auch selbst dann, wenn die Untersuchungshaft schon wesentlich länger als drei Monate andauert, die Bestellung eines Verteidigers nach § 117 IV nicht von Amts wegen erfolgen. Vielmehr tritt notwendige Verteidigung erst mit dem Antrag ein. Liegen dagegen schon in diesem Stadium des Verfahrens die Voraussetzungen des § 140 II StPO vor, so kann dem Beschuldigten auch ohne einen solchen Antrag und ggf. sogar gegen seinen Willen ein Verteidiger bestellt werden; vgl. H. Schmidt 125.

[65] Dünnebier in Löwe-R I § 117 Anm. 9 c; KMR § 117 Anm. 5.

[66] Dies ergibt sich aus § 140 III 2 i. V. m. § 140 I Ziff. 5 StPO.

der geprüft wird, ob der Haftbefehl aufzuheben oder dessen Vollzug nach § 116 StPO auszusetzen ist (Haftprüfung), nicht anwesend ist[67].

Die Mitwirkung eines Verteidigers ist erforderlich, damit dieser die Rechte des abwesenden Beschuldigten in der mündlichen Verhandlung wahrnimmt[68]. Die Bestellung des Verteidigers erstreckt sich daher nur auf die Dauer der mündlichen Verhandlung aus Anlaß der Haftprüfung[69].

IV. Die Regelung des § 126 a II StPO

Gemäß § 126 a II gelten für das Verfahren der einstweiligen Unterbringung u. a. auch die §§ 117 IV und 118 a II StPO entsprechend.

Die einstweilige Unterbringung stellt — vergleichbar der Untersuchungshaft — eine erhebliche Beeinträchtigung der Freiheitsrechte des Betroffenen ohne voraufgegangenes rechtskräftiges Urteil dar. Aus diesem Grunde ist — ebenso wie bei der Untersuchungshaft — die Notwendigkeit und Berechtigung des Fortdauerns der einstweiligen Unterbringung laufend neu zu prüfen[70].

Deshalb ist einem aufgrund eines Unterbringungsbefehls gemäß § 126 a einstweilig Untergebrachten für die Unterbringungsprüfung unter denselben Voraussetzungen ein Verteidiger beizuordnen, unter denen auch einem in Untersuchungshaft befindlichen Beschuldigten ein Verteidiger zu bestellen ist[71].

V. Die Regelung des § 350 III StPO

Nach § 350 III wird dem Angeklagten, der sich nicht auf freiem Fuße befindet und der keinen Verteidiger gewählt hat, auf seinen Antrag

---

[67] Das Gesetz stellt allein darauf ab, ob der Beschuldigte in der mündlichen Verhandlung anwesend ist oder nicht. Unerheblich ist deshalb, wie lange der Beschuldigte sich bereits in Untersuchungshaft befindet. Ohne Bedeutung ist auch, ob er zur Verhandlung nicht vorgeführt wird, weil er selbst auf die Teilnahme verzichtet hat oder ob die Vorführung aus anderen Gründen unterbleibt. Allgemein dazu H. Schmidt 126.

[68] Ausführlich zum Ganzen Dünnebier in Löwe-R I § 118 a Anm. 6.

[69] Der Verteidiger hat zur Vorbereitung der mündlichen Verhandlung alle Rechte eines Verteidigers (namentlich das Recht auf Akteneinsicht und auf Verkehr mit dem Beschuldigten); sie enden jedoch mit deren Ablauf, so daß er nicht mehr zur Beschwerde gegen die in der mündlichen Verhandlung ergehende Entscheidung legitimiert ist; KMR § 118 a Anm. 3 a.

[70] Doch kommt der fortlaufenden Prüfung — worauf auch Dünnebier in Löwe-R I § 126 a Anm. 7 hinweist — hier geringere Bedeutung als in Haftsachen zu, weil der Zustand, der die Unterbringung ursprünglich erforderlich machte, kaum Veränderungen unterliegen wird. Sollte dies jedoch infolge der Art der Erkrankung der Fall sein („Schübe" oder „Intervalle" bei Schizophrenie), so ist ein Sachverständiger zur Unterbringungsprüfung zuzuziehen.

[71] Daraus ergibt sich aber auch, daß trotz § 140 I Ziff. 3 StPO der *Erlaß* eines Unterbringungsbefehls eine vorherige Verteidigerbestellung nicht voraussetzt; ebenso KMR § 126 a Anm. 3 d.

vom Vorsitzenden ein Anwalt für die Hauptverhandlung im Revisionsverfahren bestellt, falls der Beschuldigte hierzu nicht vorgeführt wird[72].

Auch hier erfordert das Recht des Beschuldigten auf Gewährung eines rechtsstaatlichen Verfahrens die Mitwirkung eines Verteidigers. Anderenfalls wäre dem Angeklagten — im Gegensatz zur Staatsanwaltschaft — faktisch die Möglichkeit genommen, auf die Meinungsbildung des Revisionsgerichts einzuwirken[73].

Aus Art. 6 III c MRK und Art. 103 I GG ergibt sich jedoch für den Staat die Verpflichtung, dem Beschuldigten ein „fair trial" und damit auch rechtliches Gehör zu gewähren. Dieser Verpflichtung versucht das Gesetz dadurch Rechnung zu tragen, daß es dem Angeklagten das Antragsrecht des § 350 III zubilligt.

---

[72] Da der Angeklagte, der sich nicht auf freiem Fuße befindet, gemäß § 350 II 2 StPO keinen Anspruch auf Anwesenheit in der Hauptverhandlung hat und seine Anwesenheit auch nur ausnahmsweise erforderlich ist, wird seine Nichtvorführung die Regel sein.

[73] Siehe zum Ganzen Kleinknecht § 350 Anm. 4; KMR § 350 Anm. 3.

2. Abschnitt

Der notwendige Verteidiger

Der notwendige Verteidiger kann Wahlverteidiger oder Pflichtverteidiger sein[74].

I. Der Wahlverteidiger

Der Wahlverteidiger wird durch die Wahl des Beschuldigten in sein Amt berufen (§ 137 I StPO). In einem Falle notwendiger Verteidigung entfällt damit für das Gericht die Verpflichtung, dem Beschuldigten einen Verteidiger zu bestellen (§ 141 I StPO).

Jedoch wird in der Praxis ein Pflichtverteidiger zuweilen auch dann bestellt, wenn der Beschuldigte schon einen Verteidiger gewählt hat, so beispielsweise, wenn bei Verhandlungen von längerer Dauer zu befürchten ist, daß der Wahlverteidiger ausfällt und damit zwangsläufig erhebliche Verzögerungen im Verfahrensablauf eintreten[75].

II. Der Pflichtverteidiger

Macht der Beschuldigte von der Möglichkeit, einen Verteidiger zu wählen, keinen Gebrauch, so wird ihm in einem Falle notwendiger Verteidigung ein Verteidiger durch das Gericht bestellt (§ 141 StPO)[76]. Ist also die Stellung des notwendigen Verteidigers nicht durch die Wahl des Beschuldigten, sondern durch gerichtliche Bestellung — von Amts wegen — begründet worden, spricht man vom Pflichtverteidiger[77].

---

[74] In der Praxis werden die Begriffe „notwendiger Verteidiger" und „Pflichtverteidiger" häufig synonym gebraucht oder zuweilen miteinander verwechselt.

[75] Die Bestellung eines Pflichtverteidigers kann weiterhin in Betracht kommen, wenn der Angeklagte mehrfach Wahlverteidiger entläßt oder neue wählt und dadurch den ordnungsmäßigen Ablauf der Hauptverhandlung gefährdet. Weitere Beispiele bei H. Schmidt 80 ff. Zur Zulässigkeit der Bestellung eines Pflichtverteidigers neben einem Wahlverteidiger vgl. auch OLG Frankfurt NJW 1972-2055 f.; BGHSt 15-306, 309 = NJW 1961-740.

[76] Die Beiordnung eines zweiten Pflichtverteidigers ist ausnahmsweise nur dann gerechtfertigt, wenn aufgrund des Umfanges oder der Schwierigkeit des Verfahrens hierfür ein unabweisbares Bedürfnis besteht, um eine ausreichende Verteidigung des Angeklagten zu gewährleisten; OLG Frankfurt NJW 1972-1964 f.

[77] Die Terminologie ist nicht einheitlich. Während in dem Begriff „Pflichtverteidigung", der sich inzwischen allgemein durchgesetzt hat, in erster Linie

1. Die Bestellung des Pflichtverteidigers

Die Tätigkeit des Pflichtverteidigers beginnt mit seiner Bestellung[78]. Die Bestellung ist ein öffentlich-rechtlicher Akt; dadurch wird ein Rechtsverhältnis zwischen Rechtsanwalt und Beschuldigtem sowie zwischen Rechtsanwalt und Staat begründet[79].

Die uneingeschränkte Bestellung[80] ermächtigt und verpflichtet den Verteidiger zur Tätigkeit für das ganze Verfahren, sowohl für die erste als auch für die zweite Tatsacheninstanz[81] und einschließlich der Einlegung und Begründung einer Revision bis zum Erlaß eines rechtskräftigen Urteils[82]. Streitig ist, ob die Bestellung auch für die Revisionshauptverhandlung mit Ausnahme der in § 350 III StPO getroffenen Regelung gilt[83].

Der Pflichtverteidiger behält jedoch seine Funktion für die Tatsacheninstanz nach einer eventuellen Zurückverweisung der Sache durch das Revisionsgericht[84]. Mit der Rechtskraft des Urteils endet die Bestellung von sich aus, wenn auch mit dem Vorbehalt, daß sie für ein Wiederaufnahmeverfahren bis zur Entscheidung über den Wiederaufnahmeantrag erneut wirksam wird[85]; fraglich bleibt jedoch, ob dies beliebig oft gilt.

---

die Pflicht des bestellten Verteidigers zum Ausdruck kommt, das ihm übertragene Amt anzunehmen, heben andere Autoren die Begründung der Verteidigerstellung durch einen amtlichen Akt hervor und wählen aus diesem Grunde die Bezeichnung „Offizialverteidigung".

Die Strafprozeßordnung spricht im § 145 a vom „bestellten Verteidiger", § 49 BRAO von „Pflichtverteidigung"; in den §§ 97 ff. BRAGebO werden die Bezeichnungen „gerichtlich bestellter Verteidiger", „gerichtlich bestellter Rechtsanwalt" und „beigeordneter Rechtsanwalt" verwendet.

[78] Gerold/Schmidt § 97 Rz. 3. Eine rückwirkende Bestellung ist ausgeschlossen; OLG Düsseldorf NJW 1952-1151; OLG Hamm NJW 1958-642.

[79] Zu den Grenzen des Rechtsverhältnisses zwischen Pflichtverteidiger und Staat siehe BGH GA 1968-85 f.

[80] Die Bestellung kann ausnahmsweise aufgrund gesetzlicher Vorschrift (§ 117 IV StPO) oder im Falle des § 140 II StPO aufgrund richterlicher Entscheidung auf bestimmte Abschnitte des Verfahrens beschränkt sein.

[81] RG JW 1926-1215.

[82] OLG Hamm NJW 1958-1934.

[83] Vgl. stellvertretend für die umfangreiche Literatur und Rechtsprechung zu dieser Problematik Schorn 46; Dünnebier in Löwe-R I § 141 Anm. 10 m. w. N. sowie die gegensätzlichen Entscheidungen OLG Hamm NJW 1958-1934 und OLG Hamburg NJW 1964-418 f.

[84] Kohlhaas NJW 1951-179; RGSt 40-4 ff.

[85] Gerold/Schmidt § 97 Rz. 3. Für eine etwaige neue Hauptverhandlung nach Wiederaufnahme des Verfahrens gilt die Bestellung also nicht, da das frühere rechtskräftige Urteil beseitigt ist und damit ein in allen Punkten neues Verfahren beginnt; Schorn 46. Das Wiederaufnahmegericht hat jetzt selbständig zu prüfen, ob die Verteidigung notwendig und demgemäß ein Verteidiger zu bestellen ist; RGSt 22-97 ff.; RGSt 29-278; RGSt 40-5; OLG Hamm NJW 1961-932.

Wählt der Angeklagte einen Verteidiger oder fallen die Voraussetzungen der notwendigen Verteidigung weg, so erlischt die Bestellung nicht von sich aus. Da der Pflichtverteidiger durch einen öffentlich-rechtlichen Akt in sein Amt berufen worden ist, kann seine Funktion nur durch ausdrückliche Rücknahme enden[86]. Solange die Rücknahme nicht ausgesprochen ist, bleibt die Bestellung wirksam und damit die Mitwirkung dieses Pflichtverteidigers erforderlich[87].

Nach § 141 I StPO wird dem Angeklagten in den Fällen des § 140 I, II StPO ein Verteidiger bestellt, sobald er gemäß § 201 StPO zur Erklärung über die Anklageschrift aufgefordert worden ist.

Ein Verteidiger kann aber auch schon während des Ermittlungsverfahrens bestellt werden (§ 141 III 1 StPO)[88]. Liegen die Voraussetzungen des § 81 II oder des § 117 IV StPO vor, so schreibt das Gesetz die Mitwirkung eines Verteidigers schon im Stadium der Ermittlungen sogar zwingend vor.

Nach dem Abschluß der Ermittlungen durch die Staatsanwaltschaft (§ 169 a I StPO) ist dem Beschuldigten gemäß § 141 III 2 StPO auf Antrag der Staatsanwaltschaft ein Verteidiger zu bestellen[89].

Kommt die Gewährung des Schlußgehörs in Betracht und wird nach ihrer Auffassung in dem gerichtlichen Verfahren die Verteidigung nach § 140 I StPO notwendig sein, so hat die Staatsanwaltschaft einen solchen Antrag zu stellen (§ 141 III 3 StPO)[90]. Dem Beschuldigten soll dadurch die Möglichkeit gegeben werden, durch den Verteidiger den Antrag auf Gewährung des Schlußgehörs zu stellen[91].

Da die Bestellung eines Verteidigers sich schon auf die Erklärung über die Anklageschrift oder über die Ergebnisse der Voruntersuchung (§ 208 I StPO) auswirken soll, darf sie nicht etwa erst dann erfolgen, wenn Klarheit darüber besteht, ob der Beschuldigte einen Verteidiger wählt oder nicht[92].

---

[86] Dies ergibt sich auch aus § 143 StPO.
[87] Vgl. EbSchmidt LK II § 141 Rz. 11; RGSt 21-266; RGSt 70-320.
[88] Mit Recht legt EbSchmidt Nachträge § 141 Rz. 5 diese Formulierung dahingehend aus, daß durch sie der Beschuldigte das Recht erhält, bereits in diesem Stadium des Verfahrens die Bestellung eines Pflichtverteidigers zu beantragen.
[89] Der Richter ist an den Antrag der Staatsanwaltschaft gebunden; KMR § 141 Anm. 1. Er entspricht ihm, ohne im einzelnen zu prüfen, ob die Voraussetzungen der notwendigen Verteidigung vorliegen und ob die Gewährung des Schlußgehörs in Betracht kommt.
[90] Die „Soll"-Vorschrift beinhaltet eine Verpflichtung der Staatsanwaltschaft zur Stellung des Antrags; vgl. stellv. für die h. M. EbSchmidt Nachträge § 141 Rz. 5.
[91] Ebenso Schorn 47.
[92] Vielmehr wird der Vorsitzende die Aufforderung zur Erklärung zweck-

II. 1. Die Bestellung des Pflichtverteidigers

Ergibt sich erst später, d. h. nach Zustellung der Anklageschrift, daß ein Verteidiger notwendig ist, so wird er sofort bestellt (§ 141 II StPO). Dies ist z. B. dann der Fall, wenn die Tat erst nachträglich als Verbrechen gewürdigt wird oder wenn die Sache gemäß § 270 StPO vom Schöffengericht an das Schwurgericht verwiesen wird.

Im Falle des § 140 II StPO kommt es nicht darauf an, ob der Beschuldigte einen Antrag auf Beiordnung eines Pflichtverteidigers gestellt hat. Vielmehr hat das Gericht immer auch von Amts wegen zu prüfen, ob die Voraussetzungen des § 140 II vorliegen, selbst wenn die Bestellung eines Verteidigers gegen den Willen des Beschuldigten erfolgen muß[93].

Dennoch bietet die Vorschrift noch keine absolute Gewähr dafür, daß der Vorsitzende eine solche Prüfung auch tatsächlich immer von sich aus durchführt. Ein Antrag des Beschuldigten wird ihn darum nicht nur veranlassen, diese Prüfung, die sonst eventuell unterblieben wäre, vorzunehmen, sondern er hat sich dann zwangsläufig auch mit den dazu vorgebrachten Argumenten auseinanderzusetzen. Diese vom Beschuldigten vorgetragene Begründung kann u. U. eine Entscheidung zu seinen Gunsten bewirken, die sonst vielleicht anders ausgefallen wäre.

Ob dem Beschuldigten ein Verteidiger bestellt wird oder nicht, entscheidet gemäß § 141 IV StPO der Vorsitzende des Gerichts[94], das für die Hauptverhandlung zuständig ist oder bei dem das Verfahren anhängig ist.

Das Gericht kann seine abweichende Meinung über die Bestellung eines Verteidigers nicht zum Ausdruck bringen. Wenn es anderer Ansicht ist als der Vorsitzende, kann es also beispielsweise nicht an dessen Stelle einen Verteidiger beiordnen[95].

Im Falle des § 140 I StPO hat der Vorsitzende nur die Voraussetzungen festzustellen und dann ohne eigenes Ermessen den Verteidiger beizuordnen[96].

Bei der Bestellung eines Verteidigers nach § 140 II StPO besteht wegen der in dieser Bestimmung verwendeten unbestimmten Rechtsbegriffe

---

mäßigerweise mit der Verteidigerbestellung verbinden; ebenso Dünnebier in Löwe-R I § 141 Anm. 2.

[93] Schorn 64.

[94] Der Vorsitzende ist auch zuständig für die Rücknahme der Bestellung gemäß § 143 StPO; KMR § 143 Anm. 3. Jedoch wird der Vorsitzende nur an Stelle des Gerichts tätig. Hat das Gericht selbst die Bestellung ausgesprochen, so ist auch diese Entscheidung wirksam; KMR § 141 Anm. 2 b; Schorn 43.

[95] Ist dies gleichwohl geschehen und ficht die Staatsanwaltschaft eine solche Bestellung nicht an, so bleibt sie wirksam; Dünnebier in Löwe-R I § 141 Anm. 7.

[96] Auch die Merkmale „führen können" (Ziffer 3) und „in Frage kommen" (Ziffer 6) geben keinen Anlaß für eigene Erwägungen des Vorsitzenden; Dünnebier in Löwe-R I § 141 Anm. 8.

ein gewisser richterlicher Beurteilungsspielraum[97]. Dennoch darf die verbleibende Entscheidungsfreiheit nicht willkürlich ausgeübt werden[98]. Die tatrichterliche Beurteilung der Voraussetzungen des § 140 II unterliegt einer sehr weitgehenden Nachprüfung durch die Revisionsgerichte[99].

2. Zur allgemeinen Qualifikation des Pflichtverteidigers

Als Pflichtverteidiger kommen grundsätzlich nur die bei einem Gericht des jeweiligen Gerichtsbezirks zugelassenen Anwälte in Betracht (§ 142 I StPO)[100].

In den Fällen des § 140 I Ziff. 2, 4, 5, 7 sowie des § 140 II StPO können gemäß § 142 II StPO auch Referendare, die seit mindestens fünfzehn Monaten im Justizvorbereitungsdienst beschäftigt sind, für den ersten Rechtszug als Verteidiger bestellt werden[101], jedoch nicht bei dem Gericht, dessen Richter sie zur Ausbildung überwiesen sind[102].

3. Die Auswahl des Pflichtverteidigers

Nach § 142 I StPO wird der zu bestellende Verteidiger durch den Vorsitzenden des Gerichts möglichst aus der Zahl der bei einem Gericht des Gerichtsbezirks zugelassenen Rechtsanwälte ausgewählt.

Da dieser Vorschrift lediglich der Charakter einer Empfehlung zukommt, kommen als Pflichtverteidiger grundsätzlich sämtliche in der Bundesrepublik Deutschland einschließlich West-Berlin zugelassenen Rechtsanwälte in Betracht[103]. In der Praxis wird von dieser Möglichkeit allerdings kaum Gebrauch gemacht; vielmehr bleibt der Kreis der in

---

[97] Das ist seit Kappe GA 1960-357 ff. anerkannt. Vgl. auch KMR § 140 Anm. 5; EbSchmidt Nachträge § 140 Rz. 24; Peters 156; BGHSt 6-199 ff. = NJW 1954-1415 und aus jüngster Zeit OLG Köln NJW 1972-1432.

[98] So ganz klar Dünnebier in Löwe-R I § 141 Anm. 8 mit Beispielen.

[99] Vgl. z. B. RGSt 74-304 ff.; RGSt 77-153 ff.; BGH LM § 140 StPO Nr. 6; OLG Bremen NJW 1955-1529 f.; OLG Hamm NJW 1957-1530. Ausführlich zur Revisibilität Kappe GA 1960-357 ff.

[100] Rechtslehrer an deutschen Hochschulen können nicht zu Pflichtverteidigern bestellt werden; sachlich falsch insofern die gegenteilige Ansicht von EbSchmidt Kolleg 50. Siehe zum Ganzen auch Kreitmair 47.

[101] In diesen Fällen hat der Beschuldigte keinen Anspruch darauf, einen Rechtsanwalt und nicht einen Referendar als Pflichtverteidiger zu erhalten; RGSt 33-331.

[102] Eine eingehende Kommentierung dieser Vorschrift mit zahlreichen Literaturnachweisen findet sich bei H. Schmidt 194 ff.

[103] Eine Ausnahme hiervon ergibt sich lediglich aus § 172 I 1 BRAO. Danach dürfen die beim Bundesgerichtshof zugelassenen Anwälte nur vor dem Bundesgerichtshof, den anderen oberen Bundesgerichten sowie dem Bundesverfassungsgericht auftreten.

II. 3. Die Auswahl des Pflichtverteidigers

Betracht kommenden Verteidiger auf die im Gerichtsbezirk zugelassenen Anwälte beschränkt[104].

Dies hängt wohl im wesentlichen damit zusammen, daß der persönliche Kontakt eines weiter entfernt wohnenden Verteidigers mit seinem Mandanten naturgemäß und auch aus Kostengründen begrenzt ist[105]. In vielen Fällen, namentlich wenn der Beschuldigte sich nicht auf freiem Fuße befindet, ist es häufig schon von der Sache her geboten, daß der Verteidiger seine Tätigkeit in der Nähe des Aufenthaltsortes des Beschuldigten ausübt[106].

Die Frage nach der Bestellung eines nicht im Gerichtsbezirk zugelassenen Anwalts dürfte deshalb nur in den Fällen relevant werden, in denen der Beschuldigte den Wunsch nach Beiordnung eines bestimmten auswärtigen Anwalts äußert und hierfür auch besondere Gründe anführt.

Dennoch hat der Beschuldigte grundsätzlich keinen Rechtsanspruch darauf, daß ihm ein bestimmter Rechtsanwalt als Pflichtverteidiger beigeordnet wird[107], wenn auch Lehre und Rechtsprechung übereinstimmend die Ansicht vertreten, der Vorsitzende habe den Wünschen des Beschuldigten zu entsprechen und ihm den selbst gewählten Verteidiger seines Vertrauens beizuordnen, wenn nicht besondere Gründe dagegen sprechen[108].

Beantragt der Beschuldigte deshalb, daß ihm sein bisheriger Wahlverteidiger als Pflichtverteidiger beigeordnet wird, so kann ein solcher Antrag nicht etwa mit der Begründung abgelehnt werden, der gewählte Verteidiger könne nicht in der gleichen Sache gerichtlich bestellt werden[109] oder das Institut der notwendigen Verteidigung sei nicht dazu da, die Kosten der Verteidigung auf den Staat abzuwälzen[110].

Das Gesetz hat nämlich bei der Regelung der notwendigen Verteidigung die finanzielle Lage des Beschuldigten völlig außer acht gelassen. Selbst der Beschuldigte, der das Honorar für einen Wahlverteidiger

---

[104] Ebenso Dünnebier in Löwe-R I § 142 Anm. 2.

[105] Allerdings ist es unzulässig, einen auswärtigen Pflichtverteidiger mit der Einschränkung zu bestellen, daß er nur die Vergütung eines ortsansässigen Rechtsanwalts aus der Staatskasse beanspruchen könne; OLG Hamm NJW 1968-854 f.

[106] Ähnlich OLG Stuttgart NJW 1970-1466 f.

[107] So die einhellige Meinung; stellv. hierfür KMR § 142 Anm. 2; Dünnebier in Löwe-R I § 142 Anm. 2; Schorn 44; OLG Stuttgart NJW 1970-1466 f.

[108] Vgl. Kleinknecht § 142 Anm. 1; KMR § 141 Anm. 2; EbSchmidt LK II § 142 Rz. 10; Dünnebier in Löwe-R I § 142 Anm. 1; BVerfGE 9-36, 38; OLG Hamburg MDR 1972-799 = AnwBl 1972-287.

[109] Schorn 43; Dünnebier in Löwe-R I § 141 Anm. 12.

[110] KG Berlin JR 1957-469 f.

ohne jede Schwierigkeit aufbringen kann, hat Anspruch auf einen Pflichtverteidiger[111].

Ein Mißbrauch kann daher auch dann nicht vorliegen, wenn ein Beschuldigter seinen Wahlverteidiger entläßt und dessen Bestellung zum Pflichtverteidiger beantragt. Denn sein Wunsch, einen bestimmten Pflichtverteidiger zu erhalten, stellt für sich allein keineswegs einen Mißbrauch dar, und ein Recht auf Beiordnung eines Verteidigers hat er nach der Entlassung seines gewählten Verteidigers sowieso[112].

Grundsätzlich hat der Beschuldigte auch keinen Rechtsanspruch auf Ablösung eines ihm bestellten Verteidigers. Rücknahme und Neubestellung kommen aber immer dann in Betracht, wenn von dem Beschuldigten Gründe geltend gemacht werden, die ernsthafte Zweifel an der Eignung oder Fähigkeit des Verteidigers aufkommen lassen.

Dabei ist zu berücksichtigen, daß das Vertrauen, das ein Angeklagter zu seinem Verteidiger haben soll, nicht nur davon abhängt, ob dieser objektiv die Interessen seines Mandanten in angemessener, den sachlichen Anforderungen genügender Weise vertreten hat, sondern auch davon, ob vom Standpunkt des Angeklagten aus vernünftige Gründe vorliegen, die *ihm* Anlaß geben können, an einer derartigen Vertretung zu zweifeln[113].

Jedenfalls hat der Vorsitzende, will er sich nicht dem Vorwurf pflichtwidriger Ermessensentscheidung aussetzen, den Willen und die Einwände des Beschuldigten zu berücksichtigen[114], denn solche Einwände können Umstände zur Sprache bringen, die ergeben, daß der vom Vorsitzenden in Aussicht genommene oder bereits bestellte Anwalt gerade für diesen Beschuldigten gänzlich ungeeignet ist[115].

---

[111] So zutreffend H. Schmidt 206; vgl. auch OLG Düsseldorf NJW 1952-1151.
[112] Ähnlich Sarstedt JR 1957-470 f.
[113] OLG Hamburg MDR 1972-799 = AnwBl 1972-287.
[114] Das ist jedenfalls das Äußerste, was die h. M. dem Beschuldigten zugesteht; vgl. EbSchmidt LK II § 142 Rz. 10.
[115] Dünnebier in Löwe-R I § 141 Anm. 12 zieht hier namentlich den Fall der Interessenkollision in Betracht.

3. Abschnitt

Zur Durchführung der Pflichtverteidigung

Bei der Durchführung der Pflichtverteidigung stehen im Mittelpunkt das Verhältnis des Pflichtverteidigers zum Gericht und zum Beschuldigten sowie das Verhältnis des Beschuldigten zum Gericht.

I. Das Verhältnis des Pflichtverteidigers zum Gericht und zum Beschuldigten

Gemäß § 49 I BRAO muß ein Rechtsanwalt, der nach den Vorschriften der Strafprozeßordnung vom Vorsitzenden zum Pflichtverteidiger bestellt wird, grundsätzlich die Verteidigung übernehmen[116]. Diese Verpflichtung folgt aus seiner Stellung als „Organ der Rechtspflege" (§ 1 BRAO)[117].

Nach § 49 II i. V. m. § 48 II BRAO kann der Anwalt jedoch im Einzelfall beantragen, ihn aus wichtigen Gründen von der Verpflichtung zur Übernahme einer Verteidigung zu entbinden[118].

Der wohl wichtigste Grund, der die Rücknahme der Bestellung rechtfertigt, ist dann gegeben, wenn vom Standpunkt des Anwalts zwischen ihm und dem Beschuldigten ein Spannungsverhältnis besteht, so daß ein vertrauensvolles Zusammenwirken nicht gewährleistet ist[119].

Weitere wichtige Gründe liegen beispielsweise dann vor, wenn der zum Pflichtverteidiger bestellte Rechtsanwalt durch ein ihm zugemutetes Verhalten seine Berufspflichten verletzen würde (§ 45 Ziff. 1 BRAO), wenn er eine andere Partei in derselben Rechtssache bereits im entgegengesetzten Interesse beraten oder vertreten hat (§ 45 Ziff. 2 BRAO) oder wenn gegen ihn ein Berufs- oder Vertretungsverbot gemäß §§ 150 ff. BRAO verhängt worden ist. Auch mangelnde Erfahrung in Strafsachen,

---

[116] Es ist jedoch nicht Aufgabe des Gerichts, dem Pflichtverteidiger vorzuschreiben, wie er die Verteidigung einzurichten hat; OLG Hamburg DRiZ 1972-237. — Mangels einer ausdrücklichen gesetzlichen Regelung sind Referendare dem Gericht gegenüber nicht verpflichtet, eine Verteidigung zu übernehmen. Eine solche Verpflichtung kann sich vielmehr nur aus den für sie geltenden Dienstvorschriften ergeben; vgl. dazu im einzelnen H. Schmidt 210.

[117] So die amtliche Begründung zu § 49 BRAO. Diese Meinung wird von der Lehre geteilt; vgl. stellv. EbSchmidt LK II § 142 Rz. 6.

[118] Siehe zum Folgenden insbesondere Günther AnwBl 1970-65 ff.

[119] Ebenso Kalsbach § 49 Anm. 2.

beispielsweise eines Zivilrechtsanwalts, stellt einen wichtigen Grund dar[120].

Schließlich kann ein Rechtsanwalt als wichtigen Grund auch eine Überlastung mit Verteidigungen geltend machen[121], doch dürfte dies in der Praxis zu Abgrenzungsschwierigkeiten führen, denn letztlich sind gute Anwälte in der Regel arbeitsmäßig ständig mehr als ausgelastet. Dieser Begründung dürfte deshalb größere Bedeutung lediglich dann zukommen, wenn ein nicht bei einem Gericht des betreffenden Gerichtsbezirks zugelassener Rechtsanwalt ausgewählt wird. Die Übernahme der Verteidigung für einen solchen weit entfernt wohnenden Anwalt hätte in jedem Falle eine größere zeitliche Inanspruchnahme zur Folge, die ihm überhaupt nur dann zugemutet werden kann, wenn besonders zwingende Gründe gerade seine Beiordnung erfordern[122].

Dagegen kann ein Anwalt die Rücknahme der Bestellung nicht mit dem Argument verlangen, er werde durch die Übernahme einer Pflichtverteidigung daran gehindert, andere Aufträge anzunehmen. Es gibt nämlich keine Bestimmung, aus der sich der Schluß ziehen ließe, nur der Anwalt, der durch private Aufträge nicht ausgelastet sei, dürfe zum Pflichtverteidiger bestellt werden. Vielmehr ergibt sich für den Anwalt aus § 1 BRAO die Verpflichtung, neben seiner freiberuflichen Tätigkeit auch stets für Pflichtverteidigungen zur Verfügung zu stehen[123], um dem Gericht eine Auswahl unter möglichst vielen Anwälten zu ermöglichen.

Allerdings kann es einen Rücknahmegrund darstellen, wenn ein bestimmter Rechtsanwalt gegen seinen erklärten Willen weitaus häufiger als die übrigen in Betracht kommenden Anwälte zu Pflichtverteidigungen herangezogen wird, weil er auf diese Weise durch das gegenüber privaten Mandaten niedrigere Honorar erhebliche finanzielle Einbußen im Vergleich zu seinen Kollegen erleidet[124].

Wirtschaftliche Gründe allein sind indes — ungeachtet einer Opfergrenze — kein wichtiger Grund für die Aufhebung der Bestellung zum Pflichtverteidiger[125]. Die Pflichtverteidigervergütung hat eher den Charakter einer Anerkennungsgebühr für die Wahrnehmung einer anwaltlichen Ehrenpflicht als den eines echten Leistungsentgelts[126].

---

[120] Kalsbach § 49 Anm. 2.
[121] Dünnebier in Löwe-R I § 142 Anm. 2.
[122] Ebenso mit überzeugender Begründung H. Schmidt 211 f.
[123] LG Waldshut MDR 1972-711 f.
[124] Vgl. Potrykus RdJ 1967-242 und ausführlich zum Ganzen Günther AnwBl 1970-65 ff.
[125] OLG Bremen AnwBl 1972-229 f.; LG Waldshut MDR 1972-711 f.
[126] OLG Bremen AnwBl 1972-229 f.

I. Pflichtverteidiger und Gericht bzw. Beschuldigter

Ein Rechtsanwalt, der es wegen der nicht kostendeckenden Vergütung grundsätzlich ablehnt, als Pflichtverteidiger tätig zu werden, handelt deshalb gesetzwidrig[127]. Er darf auch die ordnungsgemäße Führung der Verteidigung nicht von der Beiordnung eines zweiten Pflichtverteidigers abhängig machen, wenn diese sachlich nicht gerechtfertigt ist[128].

Mit der Bestellung ist der Rechtsanwalt Verteidiger mit allen Rechten und Pflichten[129]. Unabhängig von den Weisungen des Beschuldigten[130], hat er die Verteidigung mit der gleichen Sorgfalt zu führen, die er auch bei der Erledigung seiner anderen Aufträge aufzuwenden hat[131]. Voraussetzung ist also auch hier, daß ein Vertrauensverhältnis zum Beschuldigten begründet wird und besteht[132].

Das Gericht ist nicht verpflichtet, von sich aus die Tätigkeit des Verteidigers zu überwachen, um sich davon zu überzeugen, ob er die Verteidigung sachgemäß führt[133].

Wenn in einem Falle notwendiger Verteidigung der Verteidiger in der Hauptverhandlung ausbleibt, sich unzeitig entfernt oder sich weigert, die Verteidigung zu führen, so hat der Vorsitzende gemäß § 145 I 1 StPO dem Angeklagten sogleich einen anderen Verteidiger zu bestellen[134].

In der Regel wird das Gericht jedoch in einem solchen Fall der nach § 145 I 2 StPO möglichen Alternative den Vorzug geben und zunächst eine Aussetzung der Verhandlung beschließen[135].

Diese Möglichkeit hat das Gericht nach § 145 II StPO auch dann, wenn der Pflichtverteidiger gemäß § 141 II StPO erst im Laufe der Hauptverhandlung bestellt wird.

Erklärt der gemäß § 145 I 1 neu bestellte Verteidiger, daß ihm die zur Vorbereitung der Verteidigung erforderliche Zeit nicht verbleiben

---

[127] Potrykus RdJ 1967-242; LG Waldshut MDR 1972-711 f.; LG Schweinfurt AnwBl 1972-287 mit Anmerkung von Dahs jun. AnwBl 1972-297 ff.

[128] OLG Frankfurt NJW 1972-1964 f.

[129] Kalsbach § 49 Anm. 2.

[130] Dahs 64.

[131] § 46 der Richtlinien für die Ausübung des Rechtsanwaltsberufes vom 11. Mai 1957.

[132] Ebenso Kalsbach § 49 Anm. 2.

[133] BGH GA 1968-85 f.

[134] Eingehend zur Problematik bei einem Wechsel in der Person des notwendigen Verteidigers Börker MDR 1956-578 ff.

[135] Wird eine Aussetzung durch die Schuld des Verteidigers erforderlich, so sind ihm die hierdurch verursachten Kosten aufzuerlegen (§ 145 IV StPO). Dies gilt auch für den Fall, daß sich ein Rechtsanwalt unter Berufung auf die unzulängliche Vergütung weigert, eine ihm vom Gericht übertragene Pflichtverteidigung auszuführen; LG Schweinfurt MDR 1972-708 = AnwBl 1972-287 f.

würde, so ist die Verhandlung zu unterbrechen oder auszusetzen (§ 145 III StPO)[136].

§ 97 BRAGebO gibt dem Pflichtverteidiger einen Anspruch gegen die Staatskasse auf das Vierfache der gesetzlich geregelten Mindestbeträge[137]. Daneben hat er nach § 100 BRAGebO auch gegen den Beschuldigten selbst einen Anspruch auf Zahlung und zwar in Höhe der Gebühren eines gewählten Verteidigers[138]; er kann jedoch keinen Vorschuß verlangen. Dieser Anspruch gegen den Beschuldigten entfällt allerdings insoweit, als die Staatskasse nach den §§ 97, 99 BRAGebO bereits Gebühren gezahlt hat[139].

II. Das Verhältnis des Beschuldigten zum Gericht

Zuständig für alle Entscheidungen, die mit der Bestellung des Pflichtverteidigers in Zusammenhang stehen, ist der Vorsitzende des Gerichts. Da es sich hierbei um Aufgaben der Prozeßleitung handelt, wird der Vorsitzende an Stelle des Gerichts tätig[140]. Trifft der Vorsitzende eine solche Entscheidung vor Beginn der Hauptverhandlung, so besteht darum im allgemeinen keine Möglichkeit, dagegen das Gericht anzurufen.

Erläßt er indes eine Entscheidung, die die Bestellung des Pflichtverteidigers betrifft, in der Hauptverhandlung, so handelt es sich hierbei um eine auf die Sachleitung bezügliche Anordnung[141]. Nach § 238 II StPO kann eine solche Anordnung von jeder bei der Verhandlung beteiligten Person als unzulässig beanstandet werden[142].

---

[136] Dazu im einzelnen Schorn 53 f.; Dünnebier in Löwe-R I § 145 Anm. IV, 3, 4; KMR § 145 Anm. 3; Dahs 65 f. — Nach Ansicht von EbSchmidt Nachträge § 145 Rz. 13 f. muß bei einem Verteidigerwechsel in jedem Fall die bisherige Verhandlung wiederholt werden; es genüge nicht, dem neuen Verteidiger lediglich von dem bisherigen Verlaufe der Verhandlung Kenntnis zu geben. Ausführlich zum Ganzen Börker MDR 1956-578 ff. Vgl. auch BGHZ 27-163, ferner Ostler JR 1959-126.

[137] In außergewöhnlich umfangreichen oder schwierigen Strafsachen ist dem gerichtlich bestellten Rechtsanwalt gemäß § 99 I BRAGebO für das ganze Verfahren oder für einzelne Teile des Verfahrens auf Antrag eine Pauschvergütung zu bewilligen, die über die Gebühren des § 97 hinausgeht. Allgemein dazu Schmidt AnwBl 1972-69 ff.; Gerold/Schmidt § 99.

[138] Siehe zum Ganzen Schueler AnwBl 1960-87 ff.; Potrykus RdJ 1967-242 f.

[139] Der Anspruch gegen den Beschuldigten kann aber nur insoweit geltend gemacht werden, als das Gericht des ersten Rechtszuges auf Antrag des Rechtsanwalts nach Anhörung des Beschuldigten feststellt, daß dieser ohne Beeinträchtigung des für ihn und seine Familie notwendigen Unterhalts zur Zahlung in der Lage ist; dabei bleibt ein Erstattungsanspruch des Beschuldigten gegen die Staatskasse unberücksichtigt (§ 100 II, 1 BRAGebO). Ausführlich hierzu Gerold/Schmidt § 100 Rz. 7.

[140] Siehe dazu im einzelnen EbSchmidt LK II § 238 Rz. 3.

[141] Zum Begriff Gollwitzer in Löwe-R II § 238 Anm. 4.

[142] Mit der Beanstandung kann allerdings nicht lediglich geltend gemacht werden, die Maßnahme des Vorsitzenden sei unzweckmäßig oder unangebracht;

II. Das Verhältnis des Beschuldigten zum Gericht

Das bloße Untätigsein des Vorsitzenden ist allerdings keine Maßnahme in diesem Sinn[143]. Hat der Vorsitzende es nach Ansicht des Beschuldigten z. B. unzulässigerweise versäumt, einen Verteidiger zu bestellen oder die Bestellung eines amtierenden Pflichtverteidigers zurückzunehmen, so muß der Beschuldigte deshalb zunächst einen diesbezüglichen Antrag stellen oder eine entsprechende Anregung geben. Erst dadurch kann er erreichen, daß der Vorsitzende eine Entscheidung darüber trifft, ob er im gewünschten Sinne tätig wird oder nicht.

Entspricht diese Entscheidung nicht den Vorstellungen des Beschuldigten, so kann er sie beanstanden. Äußert sich der Vorsitzende überhaupt nicht zu der Anregung bzw. zu dem Antrag, so kann auch dies beanstandet werden, da das bewußte Unterlassen einer beantragten Entscheidung insoweit einer positiven Maßnahme gleichsteht[144].

Über die Beanstandung und damit über die Zulässigkeit der vom Vorsitzenden angeordneten Maßnahme entscheidet das Gericht durch Beschluß, der in der Hauptverhandlung noch vor Erlaß des Urteils[145] zu verkünden ist.

Hält das Gericht die Beanstandung für unbegründet, so bleibt es bei der vom Vorsitzenden getroffenen Anordnung[146]; der Beschluß ist zu begründen (§ 34 StPO). Hält das Gericht die Beanstandung für berechtigt, so trifft es selbst die erforderliche Maßnahme; der Beschluß des Gerichts tritt also an die Stelle der Entscheidung des Vorsitzenden[147].

Hat also z. B. der Beschuldigte die Nichtbestellung eines Verteidigers durch den Vorsitzenden beanstandet, liegen dagegen nach Ansicht des Gerichts die Voraussetzungen der notwendigen Verteidigung vor, so bestellt es selbst den Verteidiger.

Entscheidet der Amtsrichter als Einzelrichter, sind also Gericht und Vorsitzender identisch, so ist eine Beanstandung gemäß § 238 II StPO dennoch zulässig[148]. Sie kann auch zweckmäßig sein, weil sie den Richter veranlaßt, die beanstandete Anordnung zumindest auf ihre rechtliche Zulässigkeit hin nochmals zu überprüfen. Zudem ist er gezwungen, bei einem ablehnenden Beschluß seine Auffassung näher zu begründen.

EbSchmidt LK II § 238 Rz. 24; Gollwitzer in Löwe-R II § 238 Anm. 7; RGSt 44-66.
[143] Gollwitzer in Löwe-R II § 238 Anm. 4 a.
[144] Ebenso Gollwitzer in Löwe-R II § 238 Anm. 4 a.
[145] Vgl. OLG Hamburg NJW 1953-434.
[146] EbSchmidt LK II § 238 Rz. 27.
[147] KMR § 238 Anm. 4 d; EbSchmidt LK II § 238 Rz. 27; Gollwitzer in Löwe-R II § 238 Anm. 8.
[148] Gollwitzer in Löwe-R II § 238 Anm. 9.

Auch stellt die förmliche Beanstandung sicher, daß die Maßnahme ins Protokoll aufgenommen wird, was sonst u. U. nicht notwendig ist; dies erleichtert — ebenso wie die notwendige Begründung der Entscheidung — dem Revisionsgericht die Nachprüfung.

Grundsätzlich können alle Entscheidungen, die die Bestellung eines Pflichtverteidigers betreffen, mit dem Rechtsmittel der Beschwerde angefochten werden[149]. In Betracht kommt die Beschwerde gemäß § 304 I StPO gegen alle Entscheidungen, die von dem Vorsitzenden, dem Untersuchungsrichter und dem Haftrichter sowie in den Fällen des § 140 StPO von dem Gericht selbst gemäß § 238 II StPO im ersten Rechtszug oder im Berufungsverfahren erlassen worden sind. Die Beschwerde ist nicht durch die Vorschrift des § 305 Satz 1 StPO ausgeschlossen, weil die Entscheidung nicht in einem inneren Zusammenhang mit der Urteilsfällung steht[150].

Die Bestellung eines bestimmten Pflichtverteidigers gegen den ausdrücklichen Wunsch des Beschuldigten bzw. die Nichtablösung eines bestellten Verteidigers trotz eines entsprechenden Antrags des Beschuldigten verletzen nach h. M. weder ein Grundrecht[151] noch prozessuale Rechte[152] des Betroffenen. Die Bestellung eines Pflichtverteidigers ist daher grundsätzlich der Anfechtung entzogen.

Es ist jedoch anerkannt, daß die Beschwerde dann zulässig ist, wenn der bestellte Verteidiger wegen mangelnder Eignung oder wegen Interessengegensatzes unfähig erscheint, die Verteidigung ordnungsgemäß zu führen, oder wenn geltend gemacht wird, der Vorsitzende habe ermessensfehlerhaft entschieden[153].

In jüngster Zeit hat die Rechtsprechung eine Beschwerde aber auch dann als zulässig erachtet, wenn der Angeklagte geltend macht, die Bestellung eines Pflichtverteidigers neben einem von ihm bereits zuvor bevollmächtigten Wahlverteidiger sei unzulässig[154]. Denn in diesem Fall ist der Angeklagte auch beschwert, da aus § 143 StPO abzuleiten ist, daß er das Recht hat, sich ausschließlich durch einen von ihm gewählten Verteidiger vertreten zu lassen.

Es kann zudem nicht ausgeschlossen werden, daß zwischen Wahl- und Pflichtverteidiger gegensätzliche Auffassungen über die von ihnen je-

---

[149] Vgl. OLG Bremen NJW 1951-454 f.
[150] Dünnebier in Löwe-R I § 141 Anm. 13; OLG Bremen NJW 1951-454 f. mit zustimmender Anmerkung von Dahs; BayObLG NJW 1952-1224 f.; OLG Köln NJW 1953-1807; OLG Hamburg NJW 1966-2323 f.
[151] BVerfGE 9-36 ff.
[152] Dünnebier in Löwe-R I § 141 Anm. 12.
[153] KMR § 141 Anm. 3.
[154] Vgl. OLG Frankfurt NJW 1972-2055 f.

II. Das Verhältnis des Beschuldigten zum Gericht

weils selbständig zu führende Verteidigung bestehen und somit eine ordnungsgemäße Verteidigung — zumindest aus der Sicht des Angeklagten — beeinträchtigt werden kann.

Über die Beschwerde entscheidet bei Beschlüssen, Maßnahmen und Verfügungen des Amtsrichters, des Schöffengerichts, seines Vorsitzenden, des Untersuchungsrichters und seines Vertreters (§ 186 II StPO) die Strafkammer des Landgerichts in der Besetzung mit drei Richtern (§§ 73, 76 GVG)[155].

Über Beschwerden gegen Verfügungen und Beschlüsse der Strafkammer, des Schwurgerichts oder des Vorsitzenden eines dieser Gerichte entscheidet der Strafsenat des Oberlandesgerichts (§ 121 I Ziff. 2 GVG). Örtlich zuständig ist jeweils das örtlich übergeordnete Gericht[156].

Unzulässig ist die Beschwerde dagegen nach § 304 IV StPO immer gegen die in einem Verfahren vor einem Oberlandesgericht oder vor dem Bundesgerichtshof ergangenen Entscheidungen des Gerichts oder des Vorsitzenden, da es in diesen Fällen an einem übergeordneten Gericht fehlt[157].

Zur Durchführung des Beschwerdeverfahrens ist die Hauptverhandlung zu unterbrechen oder auszusetzen[158]. Durch die Verweigerung eines Verteidigers wird nämlich dem Angeklagten ein Nachteil zugefügt, der auch nach einer Aufhebung des Urteils nur schwerlich wiedergutgemacht werden kann.

Die Nichtbestellung eines Verteidigers in einem Fall notwendiger Verteidigung stellt immer einen absoluten Revisionsgrund i. S. des § 338 Ziff. 5 StPO dar[159]. Hat in einem der Fälle des § 140 I die Hauptverhandlung ganz oder teilweise ohne Verteidiger stattgefunden, so liegt ebenfalls ein absoluter Revisionsgrund vor, mag die fehlende Verteidigerbestellung auf Versehen, Rechtsirrtum oder einem anderen Grunde beruhen.

Auch dann, wenn der Verteidiger nach § 140 II bestellt wurde, an der Hauptverhandlung aber ganz oder teilweise kein Verteidiger teilgenommen hat, sind die Voraussetzungen des § 338 Ziff. 5 gegeben.

---

[155] Dünnebier in Löwe-R I § 141 Anm. 13; OLG Hamburg NJW 1966-2324. Die Vorschrift des § 141 IV StPO, daß der Vorsitzende allein entscheidet, ist für das Rechtsmittelverfahren nicht wiederholt und kann darum auch nicht entsprechend angewendet werden.
[156] Dies gilt auch dann, wenn das Gericht, das die angefochtene Entscheidung oder Maßnahme erlassen hat, dafür örtlich nicht zuständig war; Gollwitzer in Löwe-R II § 304 Anm. III, 1.
[157] Weitere Fälle, in denen eine Beschwerde ausgeschlossen ist, finden sich bei H. Schmidt 239 ff.
[158] RGSt 67-313.
[159] Siehe zum Folgenden EbSchmidt Nachträge § 140 Rz. 3.

Auch die bloß verspätete Bestellung eines Verteidigers nach Beginn der Hauptverhandlung ist absoluter Revisionsgrund. Dabei spielt es keine Rolle, ob vor Eintritt des Verteidigers in die Verhandlung etwas Wesentliches erörtert worden ist oder nicht[160], abgesehen davon, daß sich erst nach Schluß der Hauptverhandlung sagen läßt, was wichtig ist und was nicht[161]. Der nachträglich bestellte Verteidiger muß daher entweder Wiederholung der bis dahin abgelaufenen Verhandlung oder deren Aussetzung verlangen.

Ein absoluter Revisionsgrund liegt auch dann vor, wenn der einzige Verteidiger nicht zu den Personen gehört, die zu Verteidigern bestellt werden dürfen (§ 138 II i. V. m. § 142 StPO). Dies gilt auch dann, wenn ein Referendar vor Ablauf einer 15monatigen Tätigkeit im Justizvorbereitungsdienst oder in einer Sache beigeordnet worden ist, in der er gemäß § 142 II StPO nicht verteidigen durfte; der Beschuldigte hatte dann keinen vom Gesetz vorgeschriebenen Verteidiger[162].

§ 336 StPO (bei einer Entscheidung vor Beginn der Hauptverhandlung) bzw. § 338 Ziff. 5 StPO (bei einer Entscheidung in der Hauptverhandlung) sind verletzt, wenn der Vorsitzende im Falle des § 140 II die Verteidigerbestellung abgelehnt und dabei diese Vorschrift entweder völlig außer acht gelassen oder die ihm überlassene Entscheidungsfreiheit (beschränkter Beurteilungsspielraum) mißbräuchlich oder rechtsirrtümlich ausgeübt hat[163].

Liegt kein absoluter Revisionsgrund vor, so ist die Revision nur dann begründet, wenn sich die Nichtbeachtung der Bestimmungen über die notwendige Verteidigung in der Hauptverhandlung ausgewirkt hat. Die Revision setzt nämlich stets voraus, daß das Urteil auf einer Rechtsverletzung beruht[164]; das Urteil aber ist immer Ergebnis der Hauptver-

---

[160] Schorn 52; RGSt 53-170 ff.; anderer Ansicht OLG Stuttgart NJW 1950-359 f.

[161] Auch läßt sich niemals ausschließen, daß eine Vernehmung des Angeklagten über seine persönlichen Verhältnisse und die der Tat vorausgegangenen Ereignisse unter Mitwirkung eines Verteidigers anders verlaufen wäre. Vgl. dazu die Urteilsanmerkung von Roesen NJW 1950-359.

[162] Diese schwerwiegenden Verfahrensmängel werden auch nicht dadurch geheilt, daß die Hauptverhandlung einen günstigen Verlauf für den Angeklagten nimmt (RG HRR 1942-256) oder daß das Urteil nicht zu einer der Maßregeln des § 140 I Ziff. 3 StPO oder zu einer Verurteilung wegen eines Verbrechens geführt hat; RGSt 70-317 ff.

[163] RG JW 1934-901 ff.; RGSt 74-305; BGH NJW 1961-740; OLG Köln NJW 1972-1433.

[164] Diese Voraussetzung gilt auch für die absoluten Revisionsgründe des § 338 StPO; hingegen wird bei ihrem Vorhandensein die unwiderlegbare Vermutung aufgestellt, daß das Urteil auf dem festgestellten Verfahrensmangel beruht.

II. Das Verhältnis des Beschuldigten zum Gericht

handlung. Deshalb kann auch ein Verfahrensfehler im Vorverfahren bis zum Beginn der Hauptverhandlung wieder geheilt werden[165].

Ein Revisionsgrund liegt demnach nicht vor, wenn beispielsweise die Bestellung eines Pflichtverteidigers zu den in § 141 StPO genannten Zeitpunkten im Vorverfahren unterblieben ist, die Bestellung aber dann noch vor dem Beginn der Hauptverhandlung so rechtzeitig nachgeholt worden ist, daß der Pflichtverteidiger ausreichend Gelegenheit zur Vorbereitung der Verteidigung hatte[166].

Mit der Revision kann auch nicht geltend gemacht werden, daß der gerichtlich bestellte Anwalt die Verteidigung nicht pflichtgemäß geführt habe, insbesondere vor der Hauptverhandlung nicht ein einziges Mal zu einem Gespräch mit seinem Mandanten zusammengetroffen sei[167].

---

[165] Vgl. den interessanten Fall bei RGSt 67-311; siehe ferner RGSt 53-170.
[166] H. Schmidt 248. Ausführlich zum Ganzen EbSchmidt Nachträge § 140 Rz. 4 ff. m. w. N.
[167] BGH GA 1968-85.

Zweiter Teil

Die geschichtliche Entwicklung

Die Darstellung des geltenden Rechts und seiner Anwendung in der Praxis hat deutlich gemacht, daß der mittellose Beschuldigte im Vergleich zum Angeklagten, der sich einen Wahlverteidiger leisten kann, hinsichtlich einer sachgerechten Verteidigung benachteiligt ist. Diese Ungleichbehandlung läßt sich nur vor dem Hintergrund der historischen Entwicklung erklären, denn in gewisser Weise ist auch das Strafverfahrensrecht immer zugleich Ausdruck der geistig-politischen Strömungen einer jeweiligen Zeitepoche und deshalb — ebenso wie diese — einem steten Wandel unterworfen.

In demselben Maße, wie das Bekenntnis zum absoluten Staat verdrängt wurde zugunsten einer stärkeren Betonung der Rechte des Individuums, konnte auch eine Einrichtung an Bedeutung gewinnen, die Schutz und Beistand für den einer Straftat Beschuldigten vor der staatlichen Verfolgung bezweckt.

Immer ging es dabei auch um die Frage, inwieweit eine Verstärkung der Stellung des Beschuldigten und seines Verteidigers im Prozeß eine wirkungsvolle Strafverfolgung des Staates erschwert und wie die Interessen der Strafverfolgung mit denen der Verteidigung in Einklang zu bringen sind. Ohne Übertreibung konnte deshalb Julius Glaser behaupten, daß „die Geschichte des Strafprozesses die Geschichte der Verteidigung ist"[1].

I. Das alte deutsche Recht

Einen Strafprozeß im heutigen Sinne gab es im mittelalterlichen Rechtssystem nicht; es kannte demzufolge weder einen öffentlichen Ankläger[2] noch einen Verteidiger.

Der Fürsprech oder Vorsprecher im alten deutschen Recht[3] beschränkte sich im wesentlichen auf die Wahrung von Wortformeln[4]. Diese Beschrän-

---

[1] Glaser II 223.

[2] In ganz bestimmten Ausnahmefällen ließ allerdings auch das alte deutsche Recht eine öffentliche Anklage zu; siehe dazu im einzelnen Wilda 215 ff.

[3] Ausführlich über Stellung und Aufgaben des Vorsprechers berichten Planck 194 ff. und Weißler 23 ff. mit zahlreichen Quellenangaben.

[4] Siehe dazu im einzelnen auch Glaser I 54 ff.; Vargha 143 ff.; Siegel 491 f.

kung seiner Aufgabe und Bedeutung hatte ihre Ursache in dem formalisierten Beweissystem des altdeutschen Anklageverfahrens.

1. Das germanische Recht

Das germanische Recht der Frühzeit[5] unterschied nicht zwischen Zivil- und Strafverfahren[6]; das Gerichtsverfahren war als reiner Parteiprozeß ausgestaltet[7] und wurde als Kampf der Parteien betrachtet[8].

Der Verletzte oder seine Sippe mußten vor Gericht[9] Klage erheben[10] und den Beklagten zur Antwort auf die Klage auffordern[11]. Der Beklagte hatte die Möglichkeit, entweder die Berechtigung der Klage zuzugeben oder aber die Klage in ihrem ganzen Inhalt Wort für Wort zu verneinen[12]. In beiden Fällen erging sofort das Urteil, durch das den Parteien ein bindender Sühnevertrag auferlegt wurde. Hatte der Beklagte die Klage jedoch zuvor verneint, so wurde er zum Beweis zugelassen[13]. Sprach der Ausgang des Beweisverfahrens für den Beklagten, so war er frei. Unterlag er dagegen, so war er verpflichtet, den Sühnevertrag durch die im Urteil ausgesprochene Leistung zu erfüllen[14].

---

[5] Über Strafgewalt und Strafgerichtsbarkeit bei den Germanen berichtet eingehend Wilda 196 ff. Allgemein zum germanischen Rechtsgang auch EbSchmidt Geschichte 37 ff.; Kube 13 ff.

[6] Da es im altgermanischen Volksstaat im allgemeinen keinen öffentlichen Kläger gab, der von sich aus die Verfolgung eines Verbrechens betrieb, bestand die einzige Form polizeilicher Sicherung im Selbstschutz. Vom ganzen Stamm zur Verantwortung gezogen und verurteilt wurde nur derjenige, der sich eines Kultverbrechens, wie etwa der Plünderung von Heiligtümern, oder ehrlosen und feigen Verhaltens im Heeresverband schuldig gemacht hatte. Siehe zum Ganzen Kircher 73 ff. m. w. N.

[7] Alle Delikte, die sich nicht gegen Kult oder Heer richteten, waren gewissermaßen Privatangelegenheit des Betroffenen und wurden nicht vom Stamm, sondern von der Sippe desjenigen geahndet, gegen die die Tat gerichtet gewesen war. Dem Täter stand beinahe gleichberechtigt der Verletzte gegenüber; wie sie sich auseinandersetzten, fiel allein in ihre Entscheidung; Melcher 33. Der Sippe stand es völlig frei, gegen einen Rechtsbrecher vorzugehen oder nicht. Tat sie es, so nicht etwa, um ihn in unserem heutigen Sinne zu bestrafen, sondern um von dem Störer des Rechtsfriedens eine Buße zu fordern.

[8] Im einzelnen hierzu Gerland 14 ff.; Hippel 24 ff.; Mittermaier 84 ff.

[9] Das Gericht setzte sich zusammen aus der Gesamtheit der Volksgenossen, die auf den Vorschlag rechtskundiger, zunächst für den Einzelfall und später für eine bestimmte Zeit gewählter Männer Recht sprachen.

[10] Zu den Voraussetzungen der Klageerhebung vgl. die Darstellungen bei Wilda 211 ff.; EbSchmidt Geschichte 38 f.

[11] Brunner I 253; Vargha 91 ff.

[12] Brunner I 255.

[13] Birkmeyer 814.

[14] EbSchmidt Geschichte 40.

Das Beweissystem zielte jedoch nicht darauf ab, den wahren Sachverhalt mit allen Erkenntnismitteln zu erforschen[15]. Vielmehr sollte sich durch eine Reihe verschiedener Prozeduren wie Reinigungseid, Zweikampf und Gottesurteil[16] nur erweisen, welche Behauptungen mehr Glauben verdienten, die des Klägers oder die des Beklagten[17].

Die zum Beweis verpflichtete Partei hatte dem Gegner zu geloben, den Beweis zu erbringen. Die Erfüllung dieses Beweisvertrages vollzog sich außerhalb des Gerichts und ohne seine Mitwirkung. Schon darum konnten die Beweismittel nur rein formaler Natur sein, so daß das Beweisergebnis unmittelbar und ohne eine weitere Stellungnahme des Gerichts über den Prozeßausgang entschied[18].

2. Das fränkische Recht

Zwar wurde das formalisierte Beweissystem im Laufe der Zeit immer wieder abgewandelt, überdauerte jedoch in seinen Grundzügen die erste Hälfte des Mittelalters. Im 10. Jahrhundert erfuhr die Formenstrenge des alten Gerichtsverfahrens sogar noch einmal eine Steigerung[19]; alle Formen galten nun als gleich wichtig: Ort und Zeit der Gerichtssitzung, der Platz des Richters, die Art der Ladung des Beklagten und die Art, wie ein Begehren ausgesprochen wurde. Schon geringste Formverstöße wie beispielsweise ein Versprechen bei einer Wortformel oder ein Vergreifen bei einem Formalakt konnten ein Unterliegen in dem Verfahren zur Folge haben[20].

Die Gefahren dieses übertriebenen Formalismus für den Beklagten führten schon in fränkischer Zeit dazu, daß er sich bei der Abgabe seiner Erklärungen vor Gericht der Hilfe eines Beistandes bedienen durfte[21], der mit den Wortformeln zur Einleitung der Klage und zur Erwiderung darauf vertraut war[22]. Da die Rede des Vorsprechers zu ihrer Wirksam-

---

[15] Sinn des gerichtlichen Prozeßbetriebes war es, den Parteien Gelegenheit zu geben, sich unter der Herrschaft strengster ordnender Formen mit dem Gegner auseinanderzusetzen, um auf dieser Grundlage zu einem „Sich-Vertragen" zu kommen; EbSchmidt Geschichte 38 f. Allgemein dazu Bauer 129 ff.

[16] Wesen und Art dieser „Unschuldsbeweise" erläutern ausführlich Vargha 93 ff.; Zwengel 43 ff.

[17] Glaser I 55 f. Dieses Beweisverfahren beruhte auf dem Glauben an ein unmittelbares göttliches Eingreifen in menschliche Angelegenheiten, das der gerechten Sache zum Siege verhelfe, und auf dem Glauben an die Worttreue des freien Mannes; Gerland 15.

[18] EbSchmidt Geschichte 39.

[19] Siehe dazu Glaser I 54.

[20] Vgl. Fehr 152; Henkel 24; Vargha 145 ff.

[21] Brunner II 465, 469; Vargha 148 f. Auch der Kläger hatte meist in allen gerichtlichen Angelegenheiten das Recht, sich eines Vorsprechers zu bedienen; Planck 196.

[22] Siehe dazu im einzelnen Planck 194 ff.

I. 2. Das fränkische Recht

keit der Bestätigung durch die Partei bedurfte[23], hatte diese die Möglichkeit, Formfehler sofort zu berichtigen, was bei eigenem Vortrag gerade nicht möglich war[24].

Der Vorsprecher wurde von der Partei dem Richter benannt und dann von diesem bestellt[25]. Auch stand es der Partei jederzeit frei, ihren Vorsprecher zu entlassen und den Richter um Bestellung eines anderen zu bitten[26].

Die Übernahme des Vorsprecheramtes war Teil der allgemeinen Thingpflicht, der sich kein vollberechtigter Mann entziehen konnte[27]; Anspruch auf ein Honorar bestand nicht[28]. Der Vorsprecher war Beauftragter des Richters, nicht der Partei[29]. Durch die Beschränkung seiner Aufgabe auf die richtige Anwendung von Wortformeln war eine Interessenübereinstimmung zwischen Fürsprech und Partei auch nicht notwendig[30].

In einigen Lokalrechten war es bald nicht nur gestattet, sondern sogar ausdrücklich vorgeschrieben, daß sich der Beklagte der Hilfe eines Vorsprechers bediente[31]. In manchen Fällen konnte und sollte dem Beklagten — etwa wenn er arm oder unmündig war — ein Fürsprech vom Gericht bestellt werden[32].

Dennoch war der Vorsprecher des altdeutschen Anklageverfahrens zu keiner Zeit ein Verteidiger im heutigen Sinne, d. h. ein Prozeßbeteiligter, der zur Wahrung der Rechte des Beklagten und zur Wahrheitsfindung beitragen konnte. Dies wäre auch unvereinbar gewesen mit dem Zweck des altdeutschen Rechtsganges. Solange das Recht zur Strafe das ausschließliche Recht des Verletzten war und der Staat lediglich das fakultative oder obligatorische Schiedsgericht für beide Kontrahenten stellte, wäre jede staatliche Vorsorge für die formelle Verteidigung eine unzulässige Parteinahme für den Verletzer gewesen[33].

---

[23] Detailliert zur rechtlichen Stellung des Vorsprechers nach außen Planck 207 ff.; Siegel 491 f.

[24] Vgl. Weißler 46 ff.

[25] Planck 197; Vargha 156 f.; Weißler 27.

[26] Vargha 157.

[27] Über die persönlichen Voraussetzungen, die ein Vorsprecher erfüllen mußte, vgl. Planck 197 ff.; Kreitmair 14. Siehe auch Vargha 151 ff.

[28] Vargha 168.

[29] Weißler 33 f.

[30] Das Verhältnis des Vorsprechers zum Beschuldigten untersucht eingehend Planck 205 f.

[31] Vargha 149 (Fußnote 2).

[32] Brunner II 468.

[33] Hierauf weist insbesondere Pfenninger 140 hin.

II. Das inquisitorische Verfahren

Das altdeutsche Strafverfahren erschwerte gegen Ausgang des Mittelalters immer mehr eine wirksame Verbrechensverfolgung[34]. Gerade zu dieser Zeit verzeichnete man aber infolge des allmählichen Verfalls der Reichsgewalt, der zunehmenden Zersplitterung der Staatsgewalt und der Auflösung der sozialen Bindungen ein bedrohliches Anwachsen des Verbrechertums[35].

Der Verfall der Sippen führte zu einer Verdrängung des germanischen Rechtsdenkens und des auf ihm beruhenden Selbsthilferechts des Einzelnen. Langsam setzte sich die Erkenntnis durch, daß die Verbrechensverfolgung staatliche Aufgabe und damit Recht und Pflicht staatlicher Organe sei[36].

Seit dem 13. Jahrhundert tendierte die Entwicklung daher immer mehr zu einem inquisitorischen Vorgehen[37]. Aber erst mit der fortschreitenden Rezeption des kanonisch-italienischen Verfahrensrechts im 15. und 16. Jahrhundert nahm auch der Inquisitionsprozeß klare Gestalt an und setzte sich schließlich durch.

1. Der Inquisitionsprozeß

Im Zuge der mit dem inquisitorischen Verfahren verbundenen Trennung von Zivil- und Strafprozeß wurde das Recht des Angeklagten, sich zu verteidigen, mehr und mehr eingeschränkt. Das vom Verletzten betriebene Anklageverfahren wurde durch die amtliche Verfolgung von Straftaten abgelöst; der Beklagte wurde zum Angeklagten.

---

[34] Henkel 21. Der altdeutsche Rechtsgang, der der Genugtuung und Entschädigung des Verletzten dienen sollte, paßte nicht zu dem System der öffentlich-rechtlichen „peinlichen" Strafe, die als Maßnahme der Abschreckung, Unschädlichmachung und Sühne mehr und mehr die althergebrachte Bußzahlung verdrängte. Ein weiterer Mangel des altdeutschen Strafverfahrens lag darin, daß es trotz gewisser Ansätze zu einer amtlichen Strafverfolgung an einer wirklich planmäßigen staatlichen Tätigkeit zur Aufdeckung, Untersuchung und Verfolgung von Verbrechen fehlte. Hinzu kam, daß das Verfahren nicht mehr der Ermittlung der Wahrheit diente, sondern weitgehend nur formalistisch gehandhabt wurde; Henkel 22; Biener 134 ff.

[35] Vgl. Frauenstädt ZStW Bd. 18 (1898)-331 ff. über das mittelalterliche Gaunertum in Deutschland.

[36] So auch Beling 86 f.; Hippel 334. Im Zuge dieser Entwicklung wurden sich die territorialen und städtischen Obrigkeiten nicht nur in erhöhtem Maße ihrer Verantwortung und Aufgabe bewußt, die Verbrechensverfolgung von Amts wegen durchzuführen, sondern sie erkannten zugleich die Notwendigkeit, einen schnelleren Zugriff und eine raschere Durchführung des Verfahrens zu ermöglichen; Henkel 22.

[37] Zur Entwicklung und Struktur des inquisitorischen Verfahrens im einzelnen sei insbesondere auf die Monographie EbSchmidt Inquisition verwiesen. Vgl. auch Biener 145 ff.; EbSchmidt Geschichte 86 ff.

Die Funktion des öffentlichen Anklägers übernahm die Obrigkeit. Ziel des Verfahrens sollte es nunmehr sein, von Amts wegen den Sachverhalt umfassend aufzuklären, d. h. die „materielle Wahrheit" zu erforschen; der Richter selbst wurde zum Untersuchungsbeamten[38].

Dadurch wurde zwar äußerlich das formale Beweissystem überwunden. Der Entwicklung des Fürsprechs zu einem Prozeßbeteiligten, der an der Rechts- und Wahrheitsfindung aktiv hätte mitwirken können, stand jedoch der Gesamtcharakter des Inquisitionsprozesses entgegen: Die einseitige Betonung der Interessen der staatlichen Strafverfolgung und die Herabwürdigung des Beschuldigten vom gleichberechtigten Prozeßsubjekt zum rechtlosen Untersuchungsobjekt[39].

Das Beweisverfahren war einseitig auf ein Geständnis des Angeklagten ausgerichtet; dies galt es daher mit allen Mitteln — und sei es auch durch die Folter[40] — zu erreichen. Zwar band ein System von gesetzlichen Beweisregeln das Ermessen des Richters sowohl hinsichtlich der Anwendung der Folter als auch in bezug auf die Urteilsfällung; praktische Bedeutung erlangten diese Vorschriften jedoch kaum[41].

Zwar konnten für den Beschuldigten auch weiterhin Vorsprecher auftreten, doch gab es für sie naturgemäß kaum noch eine sinnvolle Funktion zu erfüllen[42]. Soweit der Inquisitionsprozeß den Beschuldigten

---

[38] Beim Inquisitionsverfahren war es der Richter, und zwar nur der Richter, welcher begangene Straftaten, sobald sie zu seiner Kenntnis gelangt waren, von Amts wegen zu erforschen hatte. Ohne daß ihm ein Parteiantrag vorlag, hatte er diejenigen Umstände zu ermitteln und festzustellen, welche ihm erheblich erschienen. Nur die vom Richter herangezogenen Tatsachen und Beweismittel bildeten die Grundlage der Entscheidung. Das Wesen des Inquisitionsprozesses bestand also darin, daß die Funktionen des Anklägers, des Richters und des Verteidigers in der Hand ein und desselben Organs vereinigt waren. Siehe dazu die Darstellungen bei Birkmeyer 818 ff.; Gerland 20 ff.; Henkel 33 ff.; Hippel 33 f., 333 f.; Lohsing 45 ff.; Haferland 6.

[39] Ebenso Hippel 334; Vargha 181, 188 ff.

[40] Zwar bedeutete die Anwendung der Folter einen eklatanten Widerspruch zu der Grundtendenz des Inquisitionsverfahrens, soweit wie möglich die materielle Wahrheit zu erforschen, doch beruhte sie auf der Überzeugung, Gott werde dem Unschuldigen die Kraft verleihen, ihre Qualen zu überstehen, und niemand werde unter ihrer Einwirkung eine Straftat gestehen, die er nicht begangen hat; Henkel 34. Allgemein dazu Amrhein 8, 83 f.; Zwengel 42 f. Vgl. auch Geerds SchlHA 1962-182.

[41] „Es kam für Deutschland jene unselige Zeit, wo finsterer Aberglaube und von kirchlicher Intoleranz genährter religiöser Fanatismus in die Hände irdischer Richter das göttliche Racheschwert legen wollte ... Man verfolgte zu jener Zeit ... den Verbrecher als Sünder und huldigte dem Wahne, ‚göttliche Vergeltung' ... nachahmen zu können"; Vargha 182 mit eindrucksvollen Beispielen.

[42] Sehr anschaulich wiederum Vargha 171: „Die wirksamsten Beweisaufnahmen geschahen in den Folterkammern. Nicht mehr das Wort der Parteien und ihrer Vorsprecher, einzig und allein der die Torturgrade diktierende Inquirent und der sie applizierende ‚Meister' Henker mit seinen Knechten lieferten das maßgebende Beweismaterial des Prozesses."

schützen wollte, sollte dieser Schutz nicht durch die Beteiligung des Fürsprechs erreicht werden, sondern durch die Anweisung an den Inquirenten, auch nach Entlastungsmaterial zu forschen[43].

Folgerichtig erkannte deshalb die Constitutio Criminalis Carolina Kaiser Karls V. von 1532 ein Recht des Beschuldigten auf einen „fürsprech"[44] oder „beistand"[45] zwar grundsätzlich an, wies diesem jedoch nur eine untergeordnete Rolle zu. Der Angeklagte konnte es entweder dem Richter überlassen, ihm aus dem Kreis der Schöffen einen Fürsprech zuzuordnen oder aber auch einen Schöffen[46] oder Mitbürger als Beistand frei wählen; dieser brauchte kein Rechtskundiger zu sein[47].

Da der Beschuldigte und sein Beistand bis zur Anwendung der Folter über die Verdachtsgründe völlig im Unklaren gelassen wurden, konnte der Beistand den Verhafteten lediglich über allgemeine Entlastungsgründe beraten[48].

Der Fürsprech erhielt keine Gelegenheit, durch mündlichen oder schriftlichen Vortrag auf die Urteilsfindung einzuwirken. Seine Tätigkeit beschränkte sich im wesentlichen auf sein Auftreten bei dem „endlichen Rechtstag" nach Abschluß der Untersuchungen[49]. Zweck dieser öffentlichen und mündlichen Verhandlung war jedoch nicht eine Beweiserhebung mit anschließender Fällung des Urteils. Vielmehr wurde lediglich das schon vorher im schriftlichen und geheimen Verfahren längst ergangene Urteil verkündet[50].

Deshalb erscheint auch die gelegentlich im Schrifttum[51] unter Hinweis auf Art. 47 CCC vertretene Ansicht, der Richter sei in gewissen

---

[43] Vgl. Art. 28, 47 CCC. Siehe zum Ganzen auch Trowitz 143.
[44] Vgl. Art. 88 CCC.
[45] Vgl. Art. 73 CCC.
[46] Der als Fürsprech fungierende Schöffe war von den Beratungen zur Urteilsfindung ausgeschlossen.
[47] Vgl. Art. 88 CCC. Siehe zum Ganzen auch Zwengel 38 ff.
[48] Vargha 179. Theoretisch war die Carolina allerdings auf vielfältige Weise bemüht, den Angeklagten vor willkürlicher Verfolgung zu schützen und sein Interesse an einer wirksamen Verteidigung zu gewährleisten. So hatte er das Recht, sich in allen Stadien des Verfahrens (und nicht etwa erst nach beendeter Untersuchung) zu verteidigen. Zu diesem Zweck waren ihm die gegen ihn vorliegenden Verdachtsgründe und Beweismittel vollständig bekanntzumachen. Doch erwiesen sich diese rechtlichen Garantien in der Praxis als wirkungslos, da sich der Inquirent bei der Erforschung der „materiellen Wahrheit" (und hierunter verstand man in erster Linie ein Geständnis des Beschuldigten) rücksichtslos über alle gesetzlichen Vorschriften hinwegsetzen durfte. Ausführlich hierzu Vargha 181 ff.; EbSchmidt Geschichte 91 ff. Vgl. auch Trowitz 143.
[49] Auf die Rechte des Fürsprechs in der Schlußverhandlung beziehen sich insbesondere Art. 88, 90 CCC.
[50] Hierzu im einzelnen Amrhein 9; Kern/Roxin 348; Vargha 173 f.; Henkel 43.
[51] So u. a. bei Mittermaier Verteidigung 15.

Fällen verpflichtet gewesen, dem Angeklagten selbst gegen dessen Willen einen Beistand zu bestellen, wenig überzeugend[52]. Denn da es Aufgabe des Richters war, die materielle Wahrheit zu erforschen und damit auch alle zugunsten des Beschuldigten sprechenden Tatsachen zu ermitteln, war nach damaliger Auffassung eine formelle Verteidigung nicht nur überflüssig[53], sondern sie hätte zudem durch ihre Abwehrtätigkeit den Zweck des inquisitorischen Verfahrens sogar bedrohlich gefährdet[54].

2. Der gemeine Strafprozeß

Die Carolina blieb bis ins 18. Jahrhundert die wichtigste gesetzliche Grundlage des Inquisitionsprozesses[55]. Im gemeinen Strafprozeß, dem neue Gesetzeswerke von größerer Eigenständigkeit zugrundelagen, verlor die Verteidigung schließlich jede Bedeutung[56]. Dies bewirkten nicht zuletzt für die damalige Zeit bedeutende sozial-kulturelle und gerichtsorganisatorische Veränderungen.

Die territorialstaatliche Zersplitterung im 16. Jahrhundert war begleitet von einer zunehmenden Entfremdung zwischen Adel, Bürgertum und Bauernstand. Gleichzeitig damit ging auch die politische Leitung und Verantwortung auf allen Gebieten des öffentlichen Lebens vom „gemeinen Mann", also der Gesamtheit aller Bürger, auf die schmale Schicht des Hofadels und des ihn tragenden Bürgertums über.

Das Strafrecht, das bis dahin keine standesbedingten Unterschiede hinsichtlich der Rechtsfolgen oder der prozeßrechtlichen Behandlung gemacht hatte, nahm jetzt vielfach den Charakter eines ausgesprochenen Standesstrafrechts an, indem es Adel, Soldaten, Gelehrte, Geistliche und zuweilen auch Handwerker in den Genuß von Privilegien kommen ließ, die auf den Schutz ihrer Standesehre abzielten[57].

Die Landesherren erkannten in der Strafrechtspflege eine wirksame Möglichkeit zur Durchsetzung ihrer absolutistischen Ansprüche und Methoden. Dementsprechend nahmen auch strafrechtliche und strafprozessuale Kodifikationen mehr und mehr den Charakter obrigkeitlicher Weisungen, Belehrungen und Ermahnungen an, gerichtet an das „gemeine Volk" als bloßes Objekt der Regierenden.

---

[52] Ebenso H. Schmidt 40; vgl. auch Vargha 180 m. w. N.
[53] Zu diesem Schluß kommt Trowitz 143.
[54] Im gleichen Sinne Pfenninger 141; Kreitmair 15.
[55] Siehe zum Ganzen Döhring 308 ff.
[56] Ausführlich hierzu namentlich Gänger 1 ff.
[57] EbSchmidt Geschichte 141.

Vom Ende des 15. Jahrhunderts an begann sich in Deutschland ein eigenständiger Juristenstand zu entwickeln[58]. Diese anfänglich nur aus italienischen, später jedoch auch aus deutschen Hochschulen hervorgegangenen Rechtsgelehrten waren als Richter zunächst nur an den Hof- und Kammergerichten zu finden, breiteten sich aber allmählich auch nach den unteren Instanzgerichten hin aus[59].

Im gleichen Maße, wie in den Rechten geschulte Berufsrichter die Laienrichter ablösten, fiel auch der nach damaliger Überzeugung wesentlichste Grund fort, der die Mitwirkung eines Verteidigers geboten hätte, nämlich seine besondere Qualifikation, die Einhaltung der gesetzlichen Vorschriften zu überwachen.

So erschwerte man dem Verteidiger, soweit er überhaupt zugelassen war, seine Tätigkeit oder machte sie ihm sogar völlig unmöglich, indem man ihm während der Untersuchung jeglichen Kontakt mit dem Angeklagten, der meist völlig von der Außenwelt abgeschlossen war, versagte und ihm jede Akteneinsicht verweigerte[60].

Meist konnte der Verteidiger erst nach dem Abschluß der Untersuchung tätig werden[61]. Dann erst durfte er — und auch dies nur in Gegenwart einer Gerichtsperson — Kontakt zu dem Angeklagten aufnehmen und die Gerichtsakten einsehen[62]. Anschließend mußte er sich damit begnügen, eine Verteidigungsschrift mit einer juristischen Würdigung des Akteninhalts bei Gericht einzureichen, die zwar zu den Akten genommen wurde, das Urteil aber nur in den seltensten Fällen beeinflussen konnte[63].

Friedrich der Große beseitigte in seiner Justizreform 1780[64] die Advokaten und setzte aus der Erwägung heraus, den Verteidiger zum Gehil-

---

[58] Siehe zum Folgenden EbSchmidt Geschichte 135 ff.

[59] Richter und Schöffen waren bis dahin zumeist rechtsunkundige Laien gewesen, die den Anforderungen ihres Amtes vielfach weder in geistiger noch in charakterlicher Hinsicht gewachsen waren. Die Carolina versuchte dieses Problem dadurch zu lösen, daß sie die Gerichte anwies (Art. 219), in allen zweifelhaften und schwierigen Fällen die Akten an einen „Oberhof" oder an eine Juristenfakultät zu versenden, um von dort Rechtsrat einzuholen. Nach Rückkunft der Akten wurde das Gutachten einfach als eigenes Urteil übernommen und veröffentlicht. Auf diese Weise bekamen die Juristen, die den Urteilsspruch in Wirklichkeit gefällt hatten, den Angeklagten überhaupt nicht zu Gesicht. Dieses Institut der sog. „Aktenversendung" war bis ins 19. Jahrhundert gebräuchlich. Vgl. dazu EbSchmidt Geschichte 135; Kern/Roxin 348 f.

[60] Trowitz 143; Vargha 194, 215.

[61] EbSchmidt Geschichte 197.

[62] Vargha 200 f.; Trowitz 144.

[63] Denn erstens war zu diesem Zeitpunkt das Beweisverfahren bereits abgeschlossen, und zum anderen enthielten diese Verteidigungsschriften meistens nichts, was nicht schon der aufmerksame und verständige Richter beim Studium der Akten gefunden hätte; Vargha 202.

[64] Vgl. hierzu Ostler JR 1959-122; Dahs AnwBl 1959-172; Stackelberg AnwBl 1959-196.

fen des Gerichts zu machen, an ihre Stelle die sog. Hof- und Assistenzräte[65]. Ihr Amt bestand darin, den Richter bei der Erforschung des Sachverhalts zu unterstützen, die Einhaltung der Prozeßordnung zu kontrollieren sowie die Rechte der Parteien wahrzunehmen[66].

Diese Hof- und Assistenzräte wurden zwar von den Angeklagten beauftragt und bezahlt, hatten aber in Wirklichkeit im Justizkollegium ein richterliches Amt inne. Sofern ein Beschuldigter nicht selbst einen Assistenzrat gewählt hatte, wurde ihm in allen wichtigeren Sachen ein solcher beigeordnet[67].

Der Versuch erwies sich jedoch als Fehlschlag, da die Angeklagten zu den beamteten Rechtsbeiständen kein Vertrauen hatten; an ihre Stelle traten daher schon 1793 freiberufliche Justizkommissare[68].

So blieb der Angeklagte im Inquisitionsverfahren letztlich unverteidigt. Einerseits waren dem Verteidiger schon vom Gesetz her fast alle Möglichkeiten genommen, eine wirksame Tätigkeit zugunsten seines Mandanten zu entfalten; andererseits standen ihm auch die Gerichte voller Mißtrauen gegenüber.

Einen Fortschritt auf dem Gebiete der Verteidigung brachte die Entwicklung in dieser Zeit lediglich insofern, als sich — ähnlich wie in der Gerichtsbarkeit — allmählich die Erkenntnis durchsetzte, nur ein an den Juristenfakultäten Geschulter könne eine Verteidigung wirkungsvoll führen; als Verteidiger wurden deshalb nur noch Rechtsgelehrte zugelassen[69]. Für den Angeklagten zahlte sich dies freilich erst in der Zeit des Akkusationsprozesses aus.

III. Das reformierte Verfahren

Der zum Absolutismus strebende Obrigkeitsstaat, für den seine Bürger nur „Untertanen" und damit unmündige Objekte staatlicher Machtausübung waren, sah sich durch die im Zuge der Aufklärungsbewegung und der Französischen Revolution von 1789 auch in Deutschland aufkommenden liberalen Ideen in seinem Bestand bedroht.

---

[65] Zu Assistenzräten wurden Referendare berufen. Die Richter wiederum wurden aus dem Kreis der Assistenzräte ernannt, so daß eine solche Stelle praktisch die Vorstufe zum Richteramt darstellte; Weißler 345; Döhring 114 f.
[66] Über die Umstrukturierung der Anwaltschaft unter Friedrich dem Großen im einzelnen Weißler 341 ff.
[67] Weißler 345.
[68] Stackelberg AnwBl 1959-196.
[69] Kreitmair 16; Vargha 199; Gänger 11.

Daß der Inquisitionsprozeß bis zur Mitte des 19. Jahrhunderts das herrschende Strafverfahren blieb, hatte demnach auch politische Gründe: Die deutschen Staaten, die sich liberal-demokratischen Strömungen widersetzten, sahen darin ein geeignetes Mittel zur Verfolgung und Niederhaltung reformerischer Bestrebungen[70].

Der Ruf nach einer Neugestaltung des Strafverfahrens war eine der Hauptforderungen des politischen Liberalismus. Diese Bemühungen zielten darauf ab, eine Form des Verfahrens zu finden, in der der Beschuldigte nicht nur Untersuchungsobjekt ist, sondern als ein mit eigenen Rechten ausgestatteter Prozeßbeteiligter auf den Gang des Verfahrens einwirken kann[71].

Der Beschuldigte sollte seinem Ankläger — vor einem unbefangenen Gericht — gleichberechtigt gegenüberstehen. Um diese „Waffengleichheit"[72] zu erreichen, sollte sich der gewöhnlich nicht rechtskundige Angeklagte des Beistandes eines Verteidigers bedienen dürfen.

Verwirklicht wurden alle diese Forderungen zunächst jedoch nicht; die Reformbewegung behielt bis 1848 vorwiegend literarischen Charakter. Anerkannte und bedeutende Rechtslehrer ihrer Zeit, wie Feuerbach, Zachariae, Mittermaier und Savigny, forderten die Abschaffung des gemeinrechtlichen Inquisitionsverfahrens und die Einführung eines öffentlichen, mündlichen Anklageprozesses vor einem Schwurgericht[73].

Vor allem Zachariae hat darauf hingewiesen, daß die Tätigkeit eines Verteidigers im Inquisitionsprozeß praktisch bedeutungslos sei und daß ein Verteidiger seine Aufgaben in einem mündlichen, kontradiktorischen Verfahren sinnvoller und wirksamer erfüllen könne[74].

Die Gesetzgebung war jedoch zu Konzessionen nicht bereit: Die Preußische Criminalordnung von 1805 führte lediglich auf der Grundlage des herrschenden Inquisitionsverfahrens einzelne Verbesserungen ein[75].

---

[70] Zu einem ähnlichen Ergebnis kommt Krattinger 34. Der Inquisitionsrichter repräsentierte im Rahmen des Strafprozesses den Geist der absoluten Staatsgewalt, die reglementierend und bevormundend die Angelegenheiten des „Untertanen" in die Hand nimmt; EbSchmidt Geschichte 194.

[71] Vgl. Vargha 269 ff.

[72] Die Forderung nach „Waffengleichheit" zwischen Anklage und Verteidigung beruhte auf der Überzeugung des Liberalismus, daß sich im freien Widerstreit der Kräfte das Richtige und Wahre sozusagen auf der „mittleren Linie" von allein ergeben werde; Mittermaier 3; Dohna 2 f.; Beling 27 f. Vgl. auch Zachariae 143 f.

[73] Siehe zum Ganzen Amrhein 4.

[74] Vgl. Zachariae 138 ff. über das „Mißverhältnis zwischen Angriff und Verteidigung". Über die Bedeutung Zachariaes für die Fortentwicklung des Strafprozeßrechts sehr eingehend EbSchmidt Geschichte 291 ff.

[75] „Sie bahnt nicht eine neue Entwicklung des Strafprozeßrechts an, sondern schließt die Epoche des gemeinen schriftlichen Inquisitionsprozesses für Preu-

III. Das reformierte Verfahren

So gestattete sie dem Beschuldigten, schon während des Untersuchungsverfahrens „eine zur Justiz verpflichtete Person als Verteidiger zu wählen oder auf deren Zuordnung beim Richter anzutragen" (§ 433)[76].

Wurden dem Angeklagten Verbrechen zur Last gelegt, „welche eine zehnjährige Strafarbeit oder noch eine härtere Strafe nach sich ziehen", so konnte er auf die Bestellung eines Verteidigers nur dann verzichten, wenn er „des Verbrechens durch Geständnis und Beweis zugleich völlig überführt" war und „seine Entsagung auf die Defension" in Gegenwart eines Zeugen zu Protokoll gab (§ 436).

Der Verteidiger hatte zwar das Recht, bei den Vernehmungen des Angeklagten und der Zeugen anwesend zu sein, doch wurden die Unterredungen mit seinem verhafteten Mandanten auch weiterhin von einem Richter oder Protokollführer überwacht und mitgeschrieben (§ 446)[77].

Lautete die Anklage auf „Diebstahl, Raub, Betrug und ähnliche Vergehungen", so war die Einreichung einer besonderen Verteidigungsschrift nur dann zulässig, „wenn die zu erwartende Strafe in zehn- oder mehrjähriger Strafarbeit oder in der Todesstrafe besteht oder die Untersuchung besonders weitläuftig und verwickelt ist" (§ 437). Bei einer zu erwartenden geringeren Strafe durfte der Beschuldigte „nur mit seinen Verteidigungs- und Entschuldigungsgründen im Schlußverhöre zum Protokoll" vernommen werden (§ 438).

Einen grundlegenden Wandel in der Gesetzgebung leiteten erst die Einflüsse der Aufklärung sowie die Nachwirkungen der Französischen Revolution ein.

Kennzeichnend für die Aufklärung war ihr Glaube an die Kraft der Vernunft; die von „menschlicher Willkür" geschaffenen Gesetze wurden daraufhin überprüft, ob sie den Forderungen der Vernunft entsprachen. Zu den Hauptanliegen der Aufklärungsbewegung gehörten auf rechtspolitischem Gebiet die Sicherung des Rechts gegen Unterdrückung durch Macht und Gewalt, die Gewährleistung der Unabhängigkeit der Rechtspflege gegenüber Eingriffen der Exekutive sowie der Schutz der Persönlichkeit und der Würde des Einzelnen gegen die Allmacht des Staates und die Willkür der Herrschenden[78].

ßen ab, steht ganz auf dem Boden des Vergangenen und zeigt in geschlossener Einheitlichkeit den Inquisitionsprozeß in der aufgelockerten, formentbundenen Art, zu der die Entwicklung im Geiste des Polizeistaates gedrängt hatte"; EbSchmidt Geschichte 271 über die Preußische Criminalordnung von 1805. Vgl. auch Kreitmair 16.

[76] Tatsächlich aber wurden die Verteidiger — wenn überhaupt — meist erst am Schluß des Vorverfahrens zugezogen, da die Beschuldigten ihre Rechte häufig nicht kannten; Fels 66 f.

[77] Zu den Rechten des Verteidigers eingehend Fels 68 ff.

[78] Ausführlich zur Entwicklung der Strafrechtswissenschaft im Zeitalter der Aufklärung EbSchmidt Geschichte 212 ff. Vgl. auch Trowitz 1 ff.; Henkel

Als Vorläufer der Aufklärungsbewegung in der Rechtswissenschaft ist in Deutschland zu Beginn des 18. Jahrhunderts vor allem Christian Thomasius hervorgetreten[79]. In Frankreich haben erstmals von der Mitte des 18. Jahrhunderts an Montesquieu[80] und Voltaire die Zustände in der Strafjustiz scharf verurteilt. Von den italienischen Aufklärern ist an erster Stelle Cesare Beccaria zu nennen[81].

Die rechtspolitischen Forderungen der Aufklärungsbewegung fanden in Deutschland lebhaften Widerhall; immer lauter erscholl der Ruf nach einer Abschaffung des inquisitorischen Verfahrens und der Folter.

Der französische Code d'instruction criminelle (CIC) von 1808[82], ein Ergebnis der Revolution von 1789[83], wurde für die Reformbewegung in Deutschland zum großen Vorbild, weil er zum erstenmal auf dem europäischen Kontinent das Anklageprinzip sowie die Grundsätze der Öffentlichkeit, Mündlichkeit und Unmittelbarkeit des Verfahrens einführte. Für die Verteidigung des Angeklagten brachte der Code d'instruction criminelle indes keine nennenswerten Verbesserungen.

Das ganze Vorverfahren, dessen wichtigster Teil die richterliche Voruntersuchung war, wurde schriftlich, geheim und inquisitorisch durchgeführt; der Angeklagte blieb bis zur Hauptverhandlung unverteidigt.

Der völlige Ausschluß des Verteidigers vom gesamten Vorverfahren blieb nicht ohne Auswirkung auf Verlauf und Ergebnis der Hauptverhandlung. Zwar konnte der Verteidiger in der Hauptverhandlung an die Zeugen Fragen stellen, die Ladung von Entlastungszeugen bewirken und durch sonstiges Entlastungsmaterial sowie ein Plädoyer auf das Gericht einwirken, doch vermochte er nicht zu verhindern, daß die ohne seine Mitwirkung im geheimen Vorverfahren erstellten Vernehmungsprotokolle verwertet und der Urteilsfindung zugrunde gelegt wurden.

1. Die Prozeßreform in den deutschen Staaten

Ausgelöst durch die Gründung der Vereinigten Staaten von Amerika im Jahre 1776 und durch die Französische Revolution von 1789 regte sich

---

52. Über den Einfluß der Aufklärung auf die Entwicklung des Strafverfahrensrechts in Hessen siehe Amrhein 3 f.

[79] In seiner 1701 erschienenen Schrift „De crimine magiae" wandte er sich gegen die Hexenprozesse. Sein Schüler Bernhardi bekämpfte in seiner Dissertation „De tortura e foris Christianorum prohibenda" (1705) die Folter.

[80] Vor allem in seinem 1748 erschienenen Werk „De l'Esprit des Lois".

[81] Beccaria ist insbesondere mit seinem Werk „Dei delitti e delle pene" (1764) hervorgetreten.

[82] Abgedruckt bei Haeberlin 1 ff.

[83] Im französischen Recht der Vorrevolutionszeit hatte sich ebenfalls der Inquisitionsprozeß als herrschende Verfahrensart entwickelt. Gewisse akkusatorische Elemente verloren sich vom 15. Jahrhundert an, wenn auch der Urteilsfällung weiterhin noch eine Art mündlicher Verhandlung voraufging.

III. 1. Die Prozeßreform in den deutschen Staaten

überall in Europa das Streben nach politischer Freiheit und nationaler Einheit der Völker. Der Wiener Kongreß von 1814/15, abgehalten unter dem Grundsatz der monarchischen Legitimität und der Restauration, berücksichtigte diese Bestrebungen nicht. Während das Selbstvertrauen des Bürgertums weiter zunahm, komplizierten zunehmend drängende soziale Fragen die Verhältnisse. In breiten Volksschichten gärte eine tiefe Unzufriedenheit.

In Süddeutschland wurden 1818/19 absolutistische Regierungssysteme durch Einführung von landständischen Verfassungen abgelöst; die neuen Landtage wurden zu Mittelpunkten liberaler und nationaler Betätigung. In Preußen wurde 1847 der „Vereinigte Landtag" einberufen, bekam aber nur die alten Ständerechte (Bewilligung neuer Steuern, beratende Funktion, keine regelmäßige Einberufung) zugebilligt, so daß er sich schon bald auflöste, ohne seine Aufgabe (Bewilligung der Ostbahn) erfüllt zu haben.

Die Erfolge der Februarrevolution von 1848 in Paris, die zum Sturz des Bürgerkönigs und zur Einführung sozialistischer Maßnahmen (Nationalwerkstätten) geführt hatte, übte auf Deutschland gewissermaßen eine Signalwirkung aus. Im März 1848 erzwangen die Volksmassen in den deutschen Mittel- und Kleinstaaten liberale Ministerien. Der König von Preußen wurde zur Unterwerfung gezwungen. In der Frankfurter Paulskirche beriet eine gewählte Nationalversammlung eine deutsche Verfassung.

Die geistig-politischen Umwälzungen des Jahres 1848 wirkten sich auch auf das Strafverfahrensrecht aus und führten schließlich zur Abschaffung des Inquisitionsprozesses und zur Verwirklichung wesentlicher rechtspolitischer Reformideen[84]. Die Gesetzgebung in allen deutschen Staaten geriet in Bewegung[85], wobei sie sich eng an das Vorbild des französischen Strafverfahrens anschloß[86].

Der französische Strafprozeß wies gegenüber dem geltenden Inquisitionsverfahren nicht nur viele sachliche Vorzüge auf, sondern er trug

---

[84] Allgemein dazu Amrhein 5; zur Entwicklung insbesondere in Hessen ders. 52 ff.

[85] Die Gesetzgebung einzelner deutscher Staaten hatte zwar schon vor 1848 eine Reform in Angriff genommen, doch erlangten diese Entwürfe bis zur Revolution keine Gesetzeskraft mehr. Die württembergische Strafprozeßordnung vom 22. Juni 1843 (abgedruckt bei Haeberlin 525 ff.) unternahm den bezeichnenden Versuch, einerseits den Inquisitionsprozeß grundsätzlich beizubehalten, andererseits an die neuen Ideen solche Zugeständnisse zu machen, die die bisherige Gestaltung des Verfahrens möglichst wenig berühren sollten. Siehe dazu Zachariae 225 f.

[86] Der Code d'instruction criminelle war auch nach Beseitigung der napoleonischen Fremdherrschaft als rezipiertes Partikularrecht in den preußischen Rheinprovinzen bis 1849 geltendes Recht geblieben und hatte von dort aus die weitere Entwicklung des deutschen Strafprozeßrechts maßgebend beeinflußt. Vgl. Kern/Roxin 351 f., 372; EbSchmidt Geschichte 327; Amrhein 4 f.

auch den Interessen der bürgerlichen Freiheit besser Rechnung. Der Liberalismus verlangte daher auch in Deutschland außer der Unabhängigkeit der Gerichte, Beseitigung der Kabinettsjustiz in jeder Form und Einführung von Schwurgerichten ein Strafverfahren mit Anklagegrundsatz und Staatsanwalt[87].

Da die mehr oder weniger umfassende Rezeption des französischen Rechts durch die Partikulargesetze zugleich eine Zweiteilung des Prozesses in ein inquisitorisches Vorverfahren und in ein akkusatorisches Hauptverfahren bedeutete, wurde damit zwangsläufig weiterhin einseitig den Belangen der Strafverfolgung Vorrang vor dem Interesse des Beschuldigten an einer wirksamen Verteidigung eingeräumt[88]. Der Verteidiger blieb nach wie vor von der geheimen, schriftlichen Voruntersuchung und vom gesamten Vorverfahren bis zur Hauptverhandlung zumeist völlig ausgeschlossen[89].

Eine bemerkenswerte Ausnahme machte lediglich die braunschweigische Strafprozeßordnung vom 22. August 1849. Hinsichtlich der Voruntersuchung übernahm sie nicht einfach die bisherigen, auf der Grundlage des Inquisitionsprozesses aufgestellten Regelungen, sondern hielt sich eng an das Vorbild des englischen Strafverfahrens, indem sie dem Verteidiger schon im Vorverfahren weitgehende Rechte zugestand.

So hatte er die Möglichkeit, den Beschuldigten zu jedem Verhör zu begleiten und mit ihm in jeder Lage des Verfahrens ohne Zeugen zu sprechen (§ 7). Auch durfte er schon während der Voruntersuchung die Akten einsehen, sobald sein Mandant verhaftet, verhört oder gegen ihn eine Haussuchung oder Beschlagnahme verfügt worden war (§ 8)[90].

Die notwendige Verteidigung war in den einzelnen Partikularrechten unterschiedlich geregelt und zumeist auf die Fälle beschränkt, in denen dem Beschuldigten ein Kapitalverbrechen zur Last gelegt wurde und die Hauptverhandlung aus diesem Grund vor einem Schwurgericht[91] stattfand.

---

[87] Dazu im einzelnen Kern/Roxin 352.

[88] Zur Verteidigung im reformierten Strafprozeß vgl. auch die ausführliche Darstellung bei Gänger 34 ff.

[89] Vgl. z. B. Art. 118 Ziff. 2 Bayr. Gesetz vom 10. 11. 1848 (abgedruckt bei Haeberlin 252); § 16 PreußVO vom 3. 1. 1849 (Haeberlin 199); Art. 24 Württ. Schwurgerichtsgesetz vom 14. 8. 1849 (Haeberlin 604); § 73 Hannoversche StPO vom 8. 11. 1850 (Haeberlin 299); Art. 173 Oldenburgische StPO vom 2. 11. 1857 (Sundelin 518). Vgl. auch Zachariae Handbuch 279 ff., insbesondere 281 f. (Fußnote 15).

[90] Abgedruckt bei Haeberlin 726.

[91] Nach §§ 13 III, 46 II der Grundrechte, die die deutsche Nationalversammlung im Dezember 1848 in der Frankfurter Paulskirche verabschiedete, sollten die Schwurgerichte für die Aburteilung aller schwereren Strafsachen sowie aller politischen und Pressevergehen zuständig sein. Diese Empfehlung wurde

III. 1. Die Prozeßreform in den deutschen Staaten

Hatte der Angeklagte von der Möglichkeit, einen Verteidiger zu wählen, keinen Gebrauch gemacht, so wurde ihm im Königreich Bayern nur bei einem „mit Todes-, Ketten- oder Zuchthausstrafe bedrohten Verbrechen" ein solcher bestellt[92].

In Preußen war die Mitwirkung eines Verteidigers im allgemeinen bei Straftaten notwendig, „welche in den Gesetzen mit einer härteren als dreijährigen Freiheitsstrafe bedroht sind"; hinzu kamen „politische und Preß-Vergehen"[93].

In Württemberg wurde ein Verteidiger beigeordnet, „wenn dem Angeklagten Zuchthausstrafe droht"[94].

Im Herzogtum Braunschweig mußte der Beschuldigte „arm und die Kompetenz des Kriminalsenats durch die Schwere der Strafe begründet" sein, wenn er von Amts wegen einen Verteidiger haben wollte[95].

Im Königreich Hannover mußte dem Angeklagten ein Verteidiger „in allen schweren Straffällen" bestellt werden. Darüber hinaus konnte „jeder wegen eines leichten Straffalles vor die Strafkammer oder vor den Schwurgerichtshof geladene Beschuldigte bis zum Tage vor der Hauptverhandlung um Beiordnung eines Verteidigers nachsuchen"[96]. Somit waren von einer Verteidigerbestellung praktisch nur die „Polizeiübertretungen" ausgenommen, die vor den Amtsgerichten verhandelt wurden.

Am weitesten ging die Strafprozeßordnung des Herzogtums Oldenburg, die dem Beschuldigten, der keinen Verteidiger gewählt hatte, in jedem Falle — außer bei Übertretungen — grundsätzlich und ohne Antrag einen Verteidiger beiordnete[97].

Auch die Honorierung des beigeordneten Verteidigers war in den einzelnen Landesgesetzgebungen unterschiedlich geregelt.

So lehnte Bayern eine Übernahme der Vergütung grundsätzlich ab: „Der Staat hat in keinem Falle die Kosten der Verteidigung zu tragen.

---

von den Partikulargesetzgebern weitgehend befolgt. Keinen Eingang fanden die Schwurgerichte in Sachsen und Sachsen-Altenburg sowie in den Ländern, in denen der gemeine Strafprozeß auch weiterhin in Geltung blieb: Mecklenburg, Lippe, Hamburg, Lübeck und Bremen. Ausführlich zum Ganzen EbSchmidt Geschichte 332 ff.

[92] Vgl. Art. 121 i. V. m. Art. 220 Bayr. Schwurgerichtsgesetz vom 10. 11. 1848 (Haeberlin 252, 265).
[93] Vgl. § 16 i. V. m. § 60 PreußVO vom 3. 1. 1849 (Haeberlin 199, 207).
[94] Vgl. Art. 48 Ziff. 1 Württ. Schwurgerichtsgesetz vom 14. 8. 1849 (Haeberlin 606).
[95] Vgl. § 8 Braunschweigische StPO vom 22. 8. 1849 (Haeberlein 726).
[96] Vgl. § 73 Hannoversche StPO vom 8. 11. 1850 (Haeberlin 299).
[97] Vgl. Art. 174 Oldenburgische StPO vom 2. 11. 1857 (Sundelin 518).

Daher sind nur die am Gerichtssitze wohnhaften Anwälte und geprüften Rechtskandidaten zur Übernahme einer Verteidigung verpflichtet"[98].

Andere Partikularrechte, wie beispielsweise die Landesgesetzgebungen von Hannover[99], Braunschweig[100] und Hessen-Darmstadt[101], sahen die Honorierung des beigeordneten Verteidigers durch den Staat vor, wenn der Angeklagte nicht über die hierzu erforderlichen finanziellen Mittel verfügte[102].

2. Die Entwicklung vom Erlaß der Reichsstrafprozeßordnung bis zur Gegenwart

Der Regierungsantritt des Prinzregenten (ab 1861 König) Wilhelm im Jahre 1858 beendete in Preußen die Zeit der Reaktion und leitete eine gemäßigt liberale Epoche ein. Ministerpräsident Bismarck machte Preußen zum territorial geschlossenen Staat und gründete 1867 den Norddeutschen Bund. Nach der Kapitulation Frankreichs im Deutsch-Französischen Krieg (1870/71) wurde in nationaler Begeisterung durch Verträge mit den süddeutschen Staaten das Deutsche Reich gegründet und der König von Preußen zum Kaiser proklamiert. Das Reich übernahm die Verfassung des Norddeutschen Bundes; Bismarck wurde Reichskanzler.

Mit der Gründung des Kaiserreiches ging auch die Zuständigkeit zur Gesetzgebung auf dem Gebiet des Strafverfahrensrechts von den Einzelstaaten auf das Reich über. In den Jahren 1873 bis 1877 wurden unter Mitwirkung des Reichsjustizamtes in Verhandlungen des Bundesrates, des Reichstages und eines seiner Ausschüsse, der Reichsjustizkommission, die sog. Reichsjustizgesetze, darunter auch die Reichsstrafprozeßordnung, beraten und beschlossen[103].

Die Reichsstrafprozeßordnung, am 1. Februar 1877 erlassen und am 1. Oktober 1879 in Kraft getreten, brachte — auf der Grundlage des reformierten Strafprozesses — für Deutschland erstmals eine Vereinheitlichung des Strafverfahrensrechts. Auch die Voraussetzungen der notwendigen Verteidigung waren damit einheitlich für das ganze Deut-

---

[98] Vgl. Art. 120 Bayr. Schwurgerichtsgesetz vom 10. 11. 1848 (abgedruckt bei Haeberlin 252).

[99] Vgl. § 74 Hannoversche StPO vom 8. 11. 1850 (Haeberlin 299).

[100] Vgl. § 8 Braunschweigische StPO vom 22. 8. 1849 (Haeberlin 726).

[101] Hier bestimmte bereits die von Landgraf Ernst Ludwig erlassene Kriminal- und peinliche Gerichtsordnung vom 13. September 1726 (!) in Titel I, § 2, daß dem Angeklagten, der einen Verteidiger nicht bezahlen konnte, ein solcher aus der Zahl der acht gewissenhaftesten Advokaten beim peinlichen Gericht zu bestellen sei; vgl. Amrhein 12.

[102] Zur Partikulargesetzgebung im einzelnen siehe Jagemann/Brauer 58, 667.

[103] Eingehend zur Entstehung der Reichsstrafprozeßordnung Schäfer in Löwe-R I 3 f.; EbSchmidt Geschichte 345 f.; Kern/Roxin 352 f.; Henkel 58.

sche Reich festgelegt, doch stellte ihr Umfang im Vergleich zu den in einigen Partikulargesetzgebungen — etwa im Königreich Hannover und im Herzogtum Oldenburg — vorher gültigen Regelungen einen deutlichen Rückschritt dar. So lautete § 140 RStPO:

> (1) Die Verteidigung ist notwendig in den Sachen, welche vor dem Reichsgericht in erster Instanz[104] oder vor dem Schwurgerichte[105] zu verhandeln sind.
>
> (2) In Sachen, welche vor dem Landgericht in erster Instanz zu verhandeln sind, ist die Verteidigung notwendig:
>
> 1. wenn der Angeschuldigte taub oder stumm ist oder das sechzehnte Lebensjahr noch nicht vollendet hat;
>
> 2. wenn ein Verbrechen den Gegenstand der Untersuchung bildet und der Beschuldigte oder sein gesetzlicher Vertreter die Bestellung eines Verteidigers beantragt. Diese Bestimmung findet nicht Anwendung, wenn die strafbare Handlung nur deshalb als ein Verbrechen sich darstellt, weil sie im Rückfall begangen ist.
>
> (3) In den Fällen des Absatz 1 und des Absatz 2 Nr. 1 ist dem Angeschuldigten, welcher einen Verteidiger noch nicht gewählt hat, ein solcher von Amts wegen zu bestellen, sobald die im § 199 vorgeschriebene Aufforderung stattgefunden hat. In dem Falle des Absatz 2 Nr. 2 ist der Antrag binnen einer Frist von drei Tagen nach der Aufforderung zu stellen[106].

Auch gab es schon eine Art Generalklausel in Gestalt des § 141 RStPO[107]. Danach konnte das Gericht und „bei vorhandener Dringlichkeit der Vorsitzende desselben" auch in anderen als den in § 140 RStPO

---

[104] Das Reichsgericht war nach § 136 GVG vom 27. 1. 1877 in erster (und letzter) Instanz zuständig „in den Fällen des Hochverrats und des Landesverrats, insofern diese Verbrechen gegen den Kaiser und das Reich gerichtet sind".

[105] Nach § 80 GVG a. F. waren die Schwurgerichte zuständig für die Verbrechen, die nicht zur Zuständigkeit der Strafkammern oder des Reichsgerichts gehörten. Dies betraf im wesentlichen die Verbrechen, die allein oder in Verbindung mit anderen Strafen mit Zuchthaus von mehr als fünf Jahren bedroht waren. Davon ausdrücklich ausgenommen waren durch § 73 GVG a. F. die Verbrechen der Unzucht (§ 176 Ziff. 3 StGB a. F.), des schweren Diebstahls (§§ 243, 244 StGB a. F.), der Hehlerei (§§ 260, 261 StGB a. F.) und des Betruges (§ 264 StGB a. F.); hierfür waren die Strafkammern zuständig. Vor den Strafkammern mußten auch alle Verbrechen verhandelt werden, bei denen der Angeklagte zur Zeit der Tat das 18. Lebensjahr noch nicht vollendet hatte.

[106] Zur Entstehungsgeschichte des § 140 RStPO siehe die Motive und Protokolle bei Hahn I 19, 143 f., 957 - 962; Hahn II 1185, 1269 - 1273, 1533 f., 1598, 1820 - 1825, 1877 f., 1993, 2071 sowie die tabellarische Übersicht bei Hahn II 2184 f.

[107] Zur Entstehungsgeschichte des § 141 RStPO siehe Hahn I 19, 144, 957 - 962; Hahn II 1274, 1534, 1624, 1825, 2071 sowie 2186 f. mit tabellarischer Übersicht.

bezeichneten Fällen auf Antrag oder von Amts wegen einen Verteidiger bestellen. Diese Bestellung lag nach damals herrschender Meinung „gänzlich im Ermessen des Gerichts bzw. Vorsitzenden"[108].

Die Voraussetzungen, unter denen die Verteidigung notwendig ist, wurden in den folgenden Jahrzehnten ständig zugunsten des Beschuldigten erweitert. Nachdem durch Gesetz vom 11. März 1921 als Folge der steigenden Geschäftsbelastung der oberen Gerichte die Zuständigkeit der Amtsgerichte und Schöffengerichte erweitert worden war, erwies es sich als unumgänglich, auch die Fälle notwendiger Verteidigung auszudehnen. Dies geschah durch die Verordnung vom 4. Januar 1924[109], die Reichsjustizminister Emminger aufgrund des Ermächtigungsgesetzes vom 8. Dezember 1923 erließ.

Nach § 27 II dieser Verordnung war in den zur Zuständigkeit der Schöffengerichte gehörenden Strafsachen die Verteidigung notwendig, wenn eine Tat, die nicht nur wegen Rückfalls ein Verbrechen war, den Gegenstand der Untersuchung bildete und der Beschuldigte oder sein gesetzlicher Vertreter die Bestellung eines Verteidigers beantragte.

Durch das Ausführungsgesetz zum Gewohnheitsverbrechergesetz vom 24. November 1933[110], das noch Reformvorstellungen aus der Zeit vor der nationalsozialistischen Machtergreifung verwirklichte und dessen Bestimmungen auch heute noch weitgehend gültig sind, wurde die notwendige Verteidigung auf die Fälle ausgedehnt, in denen durch Verhängung schwerer sichernder Maßnahmen Eingriffe in die Freiheit der Person zu erwarten sind.

Die Machtergreifung der Nationalsozialisten unter Adolf Hitler im Jahre 1933 brachte auch grundlegende Veränderungen für das Strafverfahrensrecht; nach und nach vollzog sich die innere Gleichschaltung der gesamten Prozeßordnung mit den Grundideen des Unrechtsregimes.

In ihrem Bestreben, den Anschein der Rechtsstaatlichkeit zu wahren, verbot die NS-Regierung die Verteidigung nicht formell, versuchte aber auf verschiedenen Wegen, eine wirksame Verteidigung zu erschweren oder gar zu verhindern[111].

Zunächst wurde, ohne daß zuvor eine Rechtsgrundlage hierfür geschaffen worden wäre, die Aussage- und Geständniserzwingung im Vorverfahren zugelassen. Der Polizei waren hinsichtlich ihrer Untersuchungs- und Vernehmungsmethoden keinerlei Beschränkungen auferlegt. So kam es zur illegalen Wiedereinführung der Folter, die vom ein-

---

[108] Vgl. Geyer 431; Bennecke/Beling 140.
[109] RGBl I 15 ff.
[110] RGBl I 1000 ff.
[111] Allgemein dazu Ostler 278 f.; R. Schmid Einwände 227 ff.

III. 2. Die Entwicklung vom Erlaß der RStPO bis zur Gegenwart

fachen Nahrungsentzug bis zu schwersten physischen und psychischen Torturen reichte[112].

Durch derartige, von der Polizei abgepreßte Geständnisse galt der Verhaftete als überführt; sein etwaiger Widerruf in der Hauptverhandlung war unbeachtlich.

Durch schwerwiegende Eingriffe in das Verfahrensrecht wurden der Schutz und die rechtliche Stellung des Beschuldigten auch formell verschlechtert. Hatte die Verhaftung eines der Tat dringend Verdächtigen bis dahin entweder Fluchtverdacht oder Verdunkelungsgefahr vorausgesetzt, so genügte nunmehr der pauschale Verdacht, der Beschuldigte werde „die Freiheit zu neuen strafbaren Handlungen mißbrauchen".

Eine Verhaftung war auch dann zulässig, „wenn es mit Rücksicht auf die Schwere der Tat und die durch sie hervorgerufene Erregung der Öffentlichkeit nicht erträglich wäre, den Beschuldigten in Freiheit zu lassen"[113].

Auch Stellung und Aufgaben des Verteidigers wurden neu definiert[114]: Der Verteidiger galt nunmehr als „gleichgeordnetes Organ der Rechtspflege"[115], das — ebenso wie Richter und Staatsanwaltschaft — in erster Linie dazu berufen sei, die „Gesamtbelange der Volksgemeinschaft" wahrzunehmen; diesem höheren Gebot habe er sich „bedingungslos zu unterwerfen"[116].

Zwar dürfe er als „Fürsprech des Beschuldigten" auch zugunsten seines Mandanten tätig werden, dies jedoch nur insoweit, als er damit nicht zum „berufsmäßigen Gegner der Allgemeininteressen" werde[117]. Vielmehr müsse der Verteidiger den Willen zur „erfolgreichen Mitarbeit" haben[118], d. h. Gericht und Staatsanwaltschaft bei der Verwirklichung des staatlichen Strafrechts unterstützen. So gesehen, könne auch seine

---

[112] Auch Parteifunktionäre, die mit der Strafrechtspflege nicht das mindeste zu tun hatten, beteiligten sich zu ihrem persönlichen „Vergnügen" an den menschenunwürdigen Quälereien; ein drastisches Beispiel hierfür liefert EbSchmidt Geschichte 443.

[113] Der Grad der „öffentlichen Erregung" ließ sich jederzeit durch entsprechende Anweisungen an die gleichgeschaltete Presse von den Machthabern manipulieren; vgl. EbSchmidt Geschichte 444.

[114] Siehe hierzu den programmatischen Aufsatz des seinerzeitigen Staatssekretärs im Reichsjustizministerium und späteren Präsidenten des sog. Volksgerichtshofes, Roland Freisler, in DStR (GA) 1937-113 ff., der einen Einblick in die nationalsozialistische Ideologie hinsichtlich der Stellung und der Aufgaben des Verteidigers vermittelt.

[115] So Ziffer 9 der Richtlinien der Reichsrechtsanwaltskammer für die Ausübung des Anwaltsberufs vom 2. Juni 1934.

[116] Freisler DStR (GA) 1937-125; Noack JW 1934-1030.

[117] Freisler DStR (GA) 1937-117, 122.

[118] Freisler DStR (GA) 1937-123.

Schweigepflicht unter Umständen „zum Wohle des Volksganzen" entfallen[119].

Folgerichtig fehlte es deshalb auch nicht an Stimmen, die für die völlige Abschaffung der formellen Verteidigung plädierten; nach ihrer Ansicht war für einen Verteidiger im „neuen Strafprozeß" kein Raum mehr[120].

Aus diesem Grunde liefen auch zahlreiche Reformbestrebungen auf einen Abbau der Verteidigerstellung hinaus[121]. Bezeichnend ist in diesem Zusammenhang eine für die Rechtsanwaltschaft abgegebene Stellungnahme, in der die grundsätzlich geheime Durchführung des Vorverfahrens befürwortet wurde; ob und inwieweit der Verteidiger daran beteiligt werde, müsse dem Ermessen der Strafverfolgungsorgane im Einzelfall überlassen bleiben[122].

In der Praxis waren die Verteidiger — soweit sie sich das nationalsozialistische Gedankengut nicht bereits aus Überzeugung zu eigen gemacht hatten — in zunehmendem Maße politischem Druck durch Parteiorganisationen und Parteipresse ausgesetzt, so daß sie es kaum noch wagen konnten, wirksam für den Beschuldigten einzutreten[123].

Die Furcht vor Repressalien und vor nachteiligen Folgen für ihre berufliche Zukunft machte es undenkbar, daß Anwälte etwa in der Hauptverhandlung energisch darauf hinwiesen, die „Geständnisse" ihrer Mandanten seien durch Folterungen erpreßt worden. Auch wagte es kein Anwalt, etwa in politischen Prozessen Beweisanträge zu stellen, um die Richtigkeit regimekritischer Äußerungen seines Mandanten darzutun[124].

Durch sog. Richterbriefe und andere, mehr oder weniger offen angewandte Mittel nahm das NS-Regime auch direkt Einfluß auf die Rechtsprechung[125]. Schon frühzeitig war auch die Staatsanwaltschaft dazu be-

---

[119] Noack JW 1934-1031. Siehe in diesem Zusammenhang auch Ostler 278.
[120] So z. B. Gerland DRiZ 1933-234 f.; vgl. auch Klefisch JW 1935-3350 ff. Allgemein dazu Greffin 2 f.
[121] Siehe namentlich Exner ZStW Bd. 54 (1935)-1 ff.; Siegert ZStW Bd. 54 (1935)-23, 32; Henkel DJZ 1935-Sp. 530 ff.
[122] Goltz DStR (GA) 1935-274.
[123] Siehe zum Folgenden insbesondere Ostler 277 ff.; EbSchmidt Geschichte 444 f.
[124] Bezeichnend für das nationalsozialistische Denken Freisler DStR (GA) 1937-123: „Die schwersten sachlichen Konflikte entstanden im Gerichtssaal vor der Machtergreifung in sog. politischen Prozessen ... aus dem Bemühen von volkszersetzenden Demagogen in Anwaltsrobe, unter dem Deckmantel der Verteidigung jede Autorität zu zersetzen. Diese ‚Verteidiger' sind ausgemerzt ..." Hingegen die damaligen Verhältnisse in bedenklicher Weise verharmlosend Bader JZ 1972-10.
[125] Der Nationalsozialismus traf bei den Richtern kaum auf nennenswerten Widerstand. In ihrer großen Mehrzahl verhielten sie sich passiv-willfährig und führten die neuen wie die alten Gesetze aus. Ordentliche Strafgerichte

III. 2. Die Entwicklung vom Erlaß der RStPO bis zur Gegenwart

nutzt worden, die politischen Postulate eines autoritären Staates in die Praxis umzusetzen[126].

Auf direkte Weisung Hitlers kam die Polizei in zunehmendem Maße ihrer aus § 163 RStPO resultierenden Verpflichtung nicht mehr nach, alle bei ihr eingehenden Anzeigen ohne Verzug der Staatsanwaltschaft zu übersenden. Auch die Vorschrift, wonach die wegen Verdachts einer strafbaren Handlung vorläufig Festgenommenen unverzüglich dem Amtsrichter vorzuführen sind, wurde nicht mehr beachtet[127].

In vielen Fällen wurden Beschuldigte in „Schutzhaft" genommen und in sog. Konzentrationslager eingeliefert, ohne daß ihnen zuvor in einem ordentlichen Verfahren auch nur die geringste Möglichkeit zur Verteidigung gegeben worden wäre. Nicht selten verhängte und vollzog die Polizei von sich aus sogar die Todesstrafe[128].

„Schutzhaft" ordnete die Polizei in vielen Fällen auch dann an, wenn ein mißliebiger Beschuldigter zuvor vom Gericht nicht wunschgemäß verurteilt worden war oder wenn er die ausgesprochene Strafe, die aber nach Meinung der politischen Organe zu niedrig ausgefallen war, verbüßt hatte. Nicht selten wurde der Betreffende beim Verlassen des Sitzungssaales bzw. der Strafanstalt erneut verhaftet, in ein KZ eingeliefert und dort zu Tode gefoltert[129].

So war selbst der Verteidiger, der dem NS-Regime und seiner Ideologie kritisch oder sogar feindlich gegenüberstand, in den meisten Fällen praktisch gezwungen, der zunehmenden Pervertierung der Rechte des Beschuldigten tatenlos zuzusehen[130]. Die Strafrechtspflege und insbesondere das Institut der Verteidigung erlebten einen Rückfall, der an die dunkelsten Zeiten der Inquisition erinnert.

Nach Kriegsende verlief die Entwicklung des Strafverfahrensrechts in den beiden deutschen Staaten unterschiedlich.

In der Deutschen Demokratischen Republik übernahm ein Regime die Regierungsgewalt, das zwar formell dem Beschuldigten weitgehende

---

sowie Sondergerichte fällten in den zwölf Jahren des NS-Regimes über 26 000 Todesurteile; Lautmann 83. Zum Verhalten der Richter im Dritten Reich siehe auch Rasehorn Namen 15 f.

[126] Bader NJW 1949-737.
[127] Kern/Roxin 356.
[128] Kern/Roxin 356. Die Polizei hatte es also in der Hand, einen Verdächtigen gar nicht erst zum formal Beschuldigten zu machen, d. h. ihn der Strafjustiz zu überantworten; ebenso Bader JZ 1972-8 f.
[129] Bemmann RuP 1969-95; Kern/Roxin 356 f. Einige Verteidiger sorgten deshalb dafür — zuweilen sogar in Absprache mit dem Gericht —, daß gegen ihre Mandanten statt einer an sich nur gerechtfertigten geringen Strafe eine hohe Freiheitsstrafe verhängt wurde, um sie auf diese Weise dem Interesse und dem Zugriff der Gestapo zu entziehen; Ostler 279.
[130] Im gleichen Sinne Bader JZ 1972-9.

Rechte zugesteht[131], in der Praxis aber die meisten Verfahrensgrundsätze dem Interesse der Staatsführung an der Sicherung und Festigung ihrer eigenen, auf undemokratische Weise erlangten Machtposition untergeordnet[132].

In der Bundesrepublik Deutschland stellte das Vereinheitlichungsgesetz vom 12. September 1950[133] die rechtsstaatlichen Grundsätze wieder her, die bis 1933 im Strafverfahrensrecht gegolten hatten; das Recht auf uneingeschränkte Verteidigung wurde dem Beschuldigten auch in der Praxis zurückgegeben[134].

Nicht übersehen werden darf in diesem Zusammenhang allerdings, daß das Vereinheitlichungsgesetz keine wesentlichen Verbesserungen einführte, sondern praktisch nur den Entwicklungsstand zum Zeitpunkt der nationalsozialistischen Machtübernahme beschrieb; seither hatte sich das Strafverfahrensrecht nicht fortentwickelt. Es dauerte weitere vierzehn Jahre, ehe das Strafprozeßänderungsgesetz vom 19. Dezember 1964[135] erstmals wieder entscheidende Reformideen verwirklichte.

Durch dieses Gesetz wurde auch der Umfang der notwendigen Verteidigung erneut ausgedehnt, insbesondere die Mitwirkung eines Verteidigers in allen Fällen, in denen die Hauptverhandlung im ersten Rechtszug vor dem Landgericht stattfindet, für erforderlich erklärt.

---

[131] Vgl. z. B. §§ 61 ff. StPO der DDR vom 12. 1. 1968 (DDRGBl I 49), die die Verteidigung regeln.

[132] Einen sehr instruktiven Überblick über das Strafverfahrensrecht der DDR geben Kern/Roxin 361 ff.

[133] BGBl I 455.

[134] Aufgrund der in der NS-Zeit gemachten Erfahrungen wurde § 136a neu in die StPO aufgenommen.

[135] BGBl I 1067.

Dritter Teil

Zur Situation im ausländischen Recht

Angesichts der offenkundigen Mängel im deutschen Recht und seiner Anwendung in der Praxis erscheint es angebracht, die entsprechenden Regelungen über die notwendige Verteidigung und die Voraussetzungen für die Bestellung eines Verteidigers in ausländischen Rechten vergleichend heranzuziehen, um auf diese Weise gegebenenfalls neue Erkenntnisse über Wege und Möglichkeiten zur Reform des deutschen Verfahrensrechts zu gewinnen.

I. Die Voraussetzungen der notwendigen Verteidigung

Hinsichtlich der Voraussetzungen für die Notwendigkeit der Verteidigung weist das italienische Recht die umfassendste Regelung auf. Artikel 24 Abs. 2 der Verfassung vom 22. Dezember 1947 schreibt die Mitwirkung eines Verteidigers in jedem Strafverfahren, unabhängig von der Schwierigkeit der Sach- und Rechtslage, und auch in jedem Verfahrensabschnitt, einschließlich der Voruntersuchung, ausdrücklich vor[1].

Dagegen muß sich in Frankreich nach Artikel 274 des Code de Procédure Pénale (CPP) vom 31. Dezember 1957 der Angeklagte lediglich bei einem Verfahren vor dem Schwurgericht sowie in Jugendstrafsachen verteidigen lassen[2].

In der Schweiz ist die gesetzliche Regelung in den einzelnen Kantonen unterschiedlich[3]. Während einige kantonale Gesetzgebungen die Mitwirkung eines Verteidigers bei Anklagen auf Verbrechen oder Vergehen vorschreiben, kennen andere das Institut der notwendigen Verteidigung überhaupt nicht[4].

Eine notwendige Verteidigung kennt das englische Recht nicht. Der Angeklagte ist auch in den schwersten Fällen nicht dazu verpflichtet,

---

[1] Siehe hierzu Nuvolone ZStW Bd. 74 (1962)-664.
[2] Vgl. auch Roskothen 69; Roth 167.
[3] Obwohl die Schweiz seit dem 1. Januar 1942 ein landeseinheitliches Strafgesetzbuch hat, ist das formelle Recht noch immer Sache der einzelnen Kantone und deshalb in 25 verschiedenen Strafprozeßordnungen geregelt; vgl. Pfenninger 5 f.
[4] Pfenninger 149 vermutet, daß dies mit Sparsamkeitserwägungen der kantonalen Gesetzgeber zusammenhängt.

sich des Beistandes eines Verteidigers zu bedienen[5]. Dies mag zu einem wesentlichen Teil darin begründet sein, daß im englischen Strafprozeß die Verhandlungsmaxime gilt. Erklärt sich der Angeklagte gleich zu Beginn des Prozesses für schuldig, so findet eine größere Beweisaufnahme und damit eine eigentliche Verhandlung nicht mehr statt. Für einen Verteidiger gibt es also in diesen Fällen kaum noch eine Aufgabe zu erfüllen[6].

Das Strafprozeßrecht der Vereinigten Staaten von Amerika stellt es dem Angeklagten frei, ob er die Hilfe eines Verteidigers in Anspruch nimmt oder nicht[7]. Dies mag nicht zuletzt auch damit zusammenhängen, daß die persönliche Daseinsvorsorge, d. h. die Absicherung gegen Alter, Krankheit, Arbeitslosigkeit und andere Risiken des Lebens, in den USA weitgehend als Privatangelegenheit des Einzelnen angesehen wird, in die sich der Staat nach Möglichkeit nicht einzumischen habe.

Legt man diese Betrachtungsweise zugrunde, so besteht für den Gesetzgeber kein Anlaß, die Verteidigung in bestimmten Fällen zwingend vorzuschreiben, weil auch die Möglichkeit, als Angeklagter in einen Prozeß verwickelt zu werden und dann ohne Verteidiger zu sein, zu den Lebensrisiken zählt. Hat der Betroffene sich dagegen nicht abgesichert oder hält er die Mitwirkung eines Verteidigers am Verfahren sogar für überflüssig, so hat er dies selbst zu verantworten und auch die entsprechenden Konsequenzen zu tragen. Es ist nicht Aufgabe des Staates, ihm dieses Lebensrisiko abzunehmen.

II. Zur Pflichtverteidigung

Da im italienischen Recht die Mitwirkung eines Verteidigers in allen Strafsachen zwingend vorgeschrieben ist, wird dem Beschuldigten, der keinen Anwalt gewählt hat, ein solcher von Amts wegen bestellt[8].

In Frankreich muß zu Beginn der gerichtlichen Voruntersuchung in Schwurgerichtssachen der vernehmende Richter[9] den Angeklagten auf-

---

[5] Im einzelnen hierzu Romberg 26; Wimmer 23; Reynold 154; ders. DRiZ 1962-77. Nur gewisse Anträge, z. B. im Habeas-Corpus-Verfahren, müssen von einem Barrister gestellt werden.

[6] Vgl. Reynold 154; ders. DRiZ 1962-77.

[7] Paulsen ZStW Bd. 77 (1965)-653. In den USA ist die Gesetzgebung auf den Gebieten des Strafrechts und des Strafprozeßrechts eine Angelegenheit sowohl der 50 Einzelstaaten als auch der Bundesregierung. Die Gesetze der Einzelstaaten unterliegen zwar den Beschränkungen, die sich aus der Bundesverfassung ergeben; abgesehen davon sind jedoch die Gesetzgeber der Einzelstaaten beim Erlaß von Bestimmungen für das Strafverfahren nicht gebunden; Paulsen ZStW Bd. 77 (1965)-637.

[8] Siehe auch H. Schmidt 35.

[9] Nach Art. 273 CPP hat der Vorsitzende den Angeklagten, sobald dieser am Sitz des Schwurgerichts eingetroffen ist, zur Person zu vernehmen und über den Erhalt des Anklagebeschlusses zu befragen.

II. Zur Pflichtverteidigung

fordern, sich einen Verteidiger zu wählen[10]; anderenfalls ist ihm ein Pflichtverteidiger von Amts wegen zu bestellen (Art. 274 CPP).

In allen anderen Strafsachen muß der Untersuchungsrichter nach Art. 114 III CPP den Beschuldigten bei der ersten Vernehmung darüber belehren, daß er das Recht hat, unter den in das Anwaltsverzeichnis aufgenommenen oder zum Vorbereitungsdienst zugelassenen Anwälten einen Rechtsbeistand zu wählen. Stellt der Beschuldigte bei dieser Gelegenheit einen diesbezüglichen Antrag, so ist ihm von Amts wegen ein Anwalt beizuordnen (Art. 3 II Gesetz vom 8. Dezember 1897)[11].

Von besonderem Interesse sind die diesbezüglichen Regelungen in den Strafprozeßordnungen der schweizerischen Kantone Glarus, Luzern und St. Gallen. Dort wird, falls die Mitwirkung eines Verteidigers im Verfahren vorgeschrieben ist und der Beschuldigte keinen Anwalt gewählt hat, diese Aufgabe einem öffentlichen Verteidiger übertragen[12].

Im Kanton Glarus wurde bereits 1871 ein öffentliches Verteidigungsamt eingeführt; bis dahin waren die Verteidiger aus der Zahl der beeidigten Anwälte amtlich bestellt worden.

Der öffentliche Verteidiger wird vom Regierungsrat, also einem Organ der Exekutive, aus der Zahl der vom Obergericht für die Ausübung des Anwaltsberufes zugelassenen glarnerischen Anwälte für eine Amtsdauer von drei Jahren ernannt; während dieser Zeit ruht seine private Praxis.

Zwar kennt das englische Recht in keinem Fall das Institut der notwendigen Verteidigung, doch bietet es dem mittellosen Beschuldigten eine Reihe von Möglichkeiten, sich des Beistandes eines Verteidigers zu bedienen, sofern er dies wünscht.

Nach dem Poor Prisoner's Defense Act aus dem Jahre 1930 hat der Angeklagte die Möglichkeit, beim Gericht[13] eine Verteidigungsbescheini-

---

[10] Der Verteidiger ist grundsätzlich unter den Anwälten zu wählen, die vor dem Gericht, bei dem das Schwurgericht tagt, zugelassen sind. Ausnahmsweise kann jedoch (und dies ist eine Besonderheit des französischen Schwurgerichtsverfahrens) der Vorsitzende dem Angeklagten die Genehmigung erteilen, einen Verwandten oder Bekannten als Verteidiger zu wählen (Art. 275 CPP). Im einzelnen hierzu Roth 167.

[11] Eingehend dazu Roth 120; Roskothen 69; Krattinger 335.

[12] Zum Folgenden siehe Streiff 63 ff. — § 12 StPO des Kantons Zürich läßt seit über 50 Jahren die Möglichkeit offen, ein öffentliches Verteidigungsamt zu schaffen, doch ist dies bisher noch nicht geschehen. Vgl. auch Pfenninger 150 f.

[13] Zuständig für den Antrag ist das Gericht, vor dem die Hauptverhandlung stattfindet; dies sind in erster Instanz bei leichten Straftaten die Magistrates Courts und bei schweren Delikten die Schwurgerichte. Aber auch in den an die Schwurgerichte zu überweisenden Fällen sind die Magistrates Courts berechtigt, über den Antrag zu entscheiden; Reynold 154 f.

gung (Defense Certificate) zu erwirken[14]. Einem entsprechenden Antrag ist stattzugeben, wenn die Anklage auf Mord lautet. In anderen Fällen kann die Verteidigungsbescheinigung erteilt werden, falls dies nach Ansicht des Gerichts im Interesse der Gerechtigkeit wünschenswert erscheint.[15]

Nach Erteilung der Verteidigungsbescheinigung hat der Angeklagte einen Anspruch auf die kostenfreie Zuweisung eines Solicitors oder eines Barristers[16] für die Hauptverhandlung und ihre Vorbereitung. Gilt die Bescheinigung bereits für die Voruntersuchung, so wird schon in diesem Stadium des Verfahrens auf Kosten der Staatskasse ein Solicitor, in schweren Fällen ein Barrister beigeordnet[17].

Die Gebühren, die der beigeordnete Verteidiger aufgrund des Defense Certificate aus der Staatskasse erhält, entsprechen in ihrer Höhe dem Honorar eines gewählten Verteidigers. Darüber hinaus ermöglicht die Verteidigungsbescheinigung dem Beschuldigten die Beschaffung von Beweismitteln auf Staatskosten[18].

Nach einem alt überkommenen Brauch hat der Angeklagte weiterhin das Recht, zu Beginn der Hauptverhandlung jeden im Gerichtssaal anwesenden Barrister gegen Zahlung des Mindesthonorars mit der Übernahme seiner Verteidigung zu beauftragen[19]. Von dieser Möglichkeit des sog. Dockbriefs wird allerdings heute kaum noch Gebrauch gemacht[20].

Hält der Richter im Verfahren vor dem Schwurgericht die Mitwirkung eines Verteidigers für erforderlich, so kann er — allerdings nur mit Zustimmung des Angeklagten — jeden im Gerichtssaal anwesenden Barrister ersuchen, die Verteidigung zu übernehmen[21]. Diese Möglichkeit hat sich ebenfalls gewohnheitsrechtlich ausgebildet[22]. Obwohl der Anwalt in diesem Fall für seine Tätigkeit kein Honorar erhält, darf er das Ersuchen des Richters nicht ablehnen[23]; die Übernahme der Verteidigung ist in einem solchen Fall für ihn eine Standespflicht.

---

[14] Zu diesem Zweck hat der Beschuldigte ausführliche Angaben über seine Einkommens- und Vermögensverhältnisse zu machen, die von der Polizei nachgeprüft werden, sofern Zweifel an ihrer Richtigkeit bestehen. Wissentlich falsche Angaben werden als besonderes Delikt verfolgt; Reynold 155.

[15] Im einzelnen hierzu — wenn auch zuweilen etwas unklar — Inhulsen 58 f.; vgl. auch Wimmer 23.

[16] Zum Unterschied zwischen Solicitor und Barrister siehe Romberg 25 ff.

[17] Wimmer 23.

[18] Vgl. Dahs ZRP 1968-18.

[19] Lukanow 12; Romberg 109; Wimmer 23.

[20] Lukanow 12.

[21] Vgl. Reynold DRiZ 1962-77; Lukanow 12.

[22] Nach den letzten verfügbaren Statistiken wurde von dieser Möglichkeit 1957 in 681, 1958 in 836 und 1959 in 890 Fällen Gebrauch gemacht; Reynold DRiZ 1962-77.

[23] Lukanow 12; Reynold DRiZ 1962-77.

II. Zur Pflichtverteidigung

In den USA hängt es bis heute von lokalen Zufälligkeiten in den 50 Einzelstaaten ab, in welchen Strafsachen dem mittellosen Angeklagten auf dessen Wunsch ein Verteidiger bestellt wird; einen Anspruch darauf hat er im erstinstanzlichen Verfahren in den meisten Fällen jedoch nicht[24].

Als Folge der Rechtsprechung der jüngsten Zeit zeichnen sich aber auch hier bedeutsame Veränderungen ab. Nach einer Entscheidung des Obersten Bundesgerichts der Vereinigten Staaten darf ein Angeklagter nicht deshalb benachteiligt werden, weil er sich in schlechten Vermögensverhältnissen befindet[25].

Der Supreme Court entwickelte diesen Grundsatz aus dem 14. Zusatzartikel zur amerikanischen Bundesverfassung, der in seinem entscheidenden Teil bestimmt: „Kein Einzelstaat darf jemanden ohne Gerichtsverfahren, das mit den allgemeinen Grundsätzen des Rechts im Einklang steht, Leben, Freiheit oder Eigentum nehmen."

Zu beachten bleibt jedoch, daß die Entscheidungen des Supreme Court bisher lediglich Benachteiligungen von mittellosen Angeklagten in Rechtsmittelverfahren betrafen. Inwieweit sich aus dem Richterspruch Konsequenzen für die Verteidigung in erstinstanzlichen Strafverfahren ergeben, bleibt abzuwarten.

Allgemein herrscht die Auffassung vor, daß jedem Beschuldigten, dem eine nicht ganz leichte Straftat zur Last gelegt wird, schon im Verfahren des ersten Rechtszuges ein Verteidiger beigeordnet werden sollte. Diskutiert wird ferner die Frage, ob der Angeklagte Anspruch auf den Beistand eines Anwalts nur in der Hauptverhandlung oder auch in anderen Verfahrensabschnitten haben soll[26].

Interessant ist in diesem Zusammenhang, daß aus den vom Obersten Bundesgericht aufgestellten Grundsätzen verschiedentlich eine Pflicht für die Einzelstaaten abgeleitet wird, mittellose Beschuldigte nicht nur durch die Beiordnung eines Verteidigers, sondern auch auf andere Weise, etwa durch Bereitstellung eines größeren Geldbetrages oder anderer tatsächlicher Hilfsmittel zu unterstützen[27].

Eine solche Verpflichtung wird damit begründet, daß es auf diese Weise möglich sei, eine Gleichstellung des Unbemittelten mit dem Angeklagten zu erreichen, der über das erforderliche Vermögen verfügt,

---

[24] Dies ist um so erstaunlicher, als die Rechtsstellung des amerikanischen Strafverteidigers gegenüber der seines deutschen Berufskollegen sehr viel gefestigter ist, besonders im Vorverfahren. Siehe dazu die sehr instruktive Darstellung bei Hirschberg 15 ff.
[25] Vgl. Paulsen ZStW Bd. 77 (1965)-662.
[26] Siehe dazu im einzelnen Paulsen ZStW Bd. 77 (1965)-664.
[27] Vgl. Paulsen ZStW Bd. 77 (1965)-663.

um zur Vorbereitung seiner Verteidigung Sachverständigengutachten in Auftrag zu geben, wissenschaftliche Versuche durchführen zu lassen, Privatdetektive anzustellen oder weit entfernt wohnenden Anwälten die Reisespesen zu erstatten. Damit wird die durch das Defense Certificate in Großbritannien bereits bestehende Möglichkeit zur Beschaffung von Beweismitteln auf Staatskosten konsequent weiterentwickelt.

III. Zur Durchführung der Pflichtverteidigung am Beispiel der USA und der Schweiz

Bei der Suche nach neuen Organisationsformen für eine zukünftige Regelung der Pflichtverteidigung ist besonders die Situation in den Vereinigten Staaten von Amerika und in der Schweiz von Interesse.

Soweit die amerikanischen Gerichte aufgrund unterschiedlicher Gegebenheiten und Voraussetzungen in den Einzelstaaten die Mitwirkung eines Verteidigers im Verfahren für erforderlich halten, können sie jeden Anwalt bestellen. In der Praxis werden jedoch vornehmlich junge und unerfahrene Anwälte beigeordnet[28]. Da die vom Gericht benannten Verteidiger in der Regel kein Honorar erhalten, widmen sie sich zumeist nur oberflächlich den ihnen übertragenen Fällen[29].

Vornehmlich im Bundesstaat Kalifornien besteht die Einrichtung staatlicher Verteidigerbüros[30]. In ihnen arbeiten ein oder mehrere Anwälte, die aus öffentlichen Mitteln bezahlt werden und deren Aufgabe es ist, mittellose Angeklagte zu verteidigen; teilweise sind daneben auch noch Privatdetektive angestellt[31].

Gegen die Einrichtung staatlicher Verteidigerbüros werden von verschiedenen Seiten Bedenken vorgebracht, insbesondere im Hinblick auf die Unabhängigkeit der Verteidiger. Man befürchtet, daß ein Anwalt, der Angestellter des Staates ist, seinen Mandanten nicht unter Ausschöpfung aller gesetzlichen Möglichkeiten verteidigt, da der Ankläger, nämlich der Staat, zugleich auch sein Dienstherr ist[32].

In einigen Städten der USA haben sich freiwillige Anwaltshilfsdienste in Form gemeinnütziger Organisationen gebildet[33]. Diese Hilfsdienste werden sowohl von privater Seite als auch von staatlichen Stellen unterstützt; sie leisten im allgemeinen gute Arbeit.

---

[28] Die übrigen Anwälte entschuldigen sich meist mit Zeitmangel; Paulsen ZStW Bd. 77 (1965)-665.
[29] Paulsen ZStW Bd. 77 (1965)-664.
[30] Ausführlich dazu wiederum Paulsen ZStW Bd. 77 (1965)-665.
[31] z. B. in Los Angeles.
[32] Vgl. Paulsen ZStW Bd. 77 (1965)-665.
[33] Siehe zum Folgenden wiederum Paulsen ZStW Bd. 77 (1965)-665.

III. Pflichtverteidigung am Beispiel der USA und der Schweiz

Ihre Hauptschwierigkeiten bestehen darin, laufend die notwendigen Mittel zu beschaffen und ihre Unabhängigkeit gegenüber den Geldgebern zu bewahren, was besonders dann nicht leicht ist, wenn es gilt, einen Angeklagten zu verteidigen, der nicht die Sympathie der öffentlichen Meinung und besonders der Geldgeber genießt.

Staatliche Verteidigerbüros und freiwillige Anwaltshilfsdienste sind bemerkenswerte Organisationsformen zum Zwecke der Verteidigung mittelloser Angeklagter, weil hier dem staatlichen Verfolgungsapparat nicht mehr der einzelne Anwalt gegenübersteht, sondern ein Team von Experten, zuweilen sogar ausgesprochene Spezialisten verschiedener Fachrichtungen, die sich untereinander ergänzen können und u. U. auch über eigene Ermittlungsmöglichkeiten verfügen.

Schwierigkeiten bei der Durchführung der notwendigen Verteidigung sind teilweise auch in der Schweiz zu beobachten.

Solange der öffentliche Verteidiger in den Kantonen Glarus, Luzern und St. Gallen amtiert, ruht seine private Praxis[34]. Allerdings erhält er während dieser Zeit keine feste Besoldung, sondern wird für jede ihm übertragene Verteidigung gesondert honoriert. Die Höhe dieser Vergütung ist jedoch so gering bemessen, daß kaum qualifizierte Kräfte für dieses Amt zu gewinnen sind.

Bemerkenswert ist auch, daß der Beschuldigte, der im Falle einer notwendigen Verteidigung einen Anwalt gewählt hat, diesen nicht zu honorieren braucht, wenn er mittellos ist. Der Wahlverteidiger hat in diesem Falle einen Anspruch gegen die Staatskasse in Höhe des Honorars eines öffentlichen Verteidigers[35].

Dadurch wird zwar auch der mittellose Angeklagte in die Lage versetzt, seinen Verteidiger frei zu wählen, doch dürfte diese Möglichkeit mehr theoretischer Natur sein. Da es nämlich jedem Anwalt freisteht, einen Verteidigungsauftrag anzunehmen oder abzulehnen, dürfte er mit Blick auf die niedrige Vergütung, die er aus der Staatskasse zu erwarten hat, zumeist der zweiten Alternative den Vorzug geben.

---

[34] Zum Folgenden siehe Streiff 65 f.
[35] Streiff 66.

Vierter Teil

Kritische Analyse und Vorschläge für eine zukünftige Regelung

Zwar fordert das geltende Recht zwangsläufig zur Kritik heraus, doch darf sich diese nicht darauf beschränken, offenkundige Mängel der gesetzlichen Bestimmungen aufzuzeigen. Vielmehr hat sie auch den eigentlichen Ursachen der gegenwärtigen Misere nachzuspüren, um auf diese Weise Anregungen für Verbesserubngen geben zu können.

1. Abschnitt

Unzulänglichkeiten der gegenwärtigen Regelung

Jede kritische Analyse hat sich zunächst mit den in der Strafprozeßordnung und im Jugendgerichtsgesetz definierten Voraussetzungen der notwendigen Verteidigung auseinanderzusetzen, weil diese bestimmend sind für den Anwendungsbereich der Pflichtverteidigung. Danach gilt es, sich mit den im Gesetz normierten Kriterien für Qualifikation, Auswahl und Bestellung des Pflichtverteidigers näher zu befassen, weil ein zufriedenstellendes Funktionieren der Pflichtverteidigung zu einem wesentlichen Teil von der Person des Pflichtverteidigers abhängt. Schließlich ist auch die Durchführung der Pflichtverteidigung kritisch zu überprüfen, um festzustellen, wie sich die Rechtsanwendung in der Praxis auswirkt.

I. Die Voraussetzungen der notwendigen Verteidigung

Trotz eines unverkennbaren Hanges zum Perfektionismus kann die kasuistische Regelung der notwendigen Verteidigung nicht befriedigen. Bedenklich sind auch die nur schwer abzugrenzenden Begriffe in der „Generalklausel" des § 140 II StPO.

1. Die Regelungen des § 140 II StPO und des § 68 Ziff. 1 JGG

Bei der gegenwärtigen Systematik der notwendigen Verteidigung ist das Vorhandensein einer „Generalklausel" unerläßlich, um dem Beschuldigten auch in den Fällen einen Anwalt beiordnen zu können,

I. 1. Die Regelungen des § 140 II StPO und des § 68 Ziff. 1 JGG

die zwar nicht von den Einzelfallregelungen erfaßt werden, in denen die Mitwirkung eines Verteidigers aber dennoch erforderlich ist. Allerdings sind die Kriterien, an die § 140 II eine Verteidigerbestellung knüpft, auch unter Berücksichtigung der Tatsache, daß es sich dabei um einen „Auffangtatbestand" handelt, allzu vage.

Die Formulierungen „Schwierigkeit der Sach- oder Rechtslage" und „wenn ersichtlich ist, daß sich der Beschuldigte nicht selbst verteidigen kann" sind inzwischen von Lehre und Rechtsprechung immer mehr mit konkretem Inhalt gefüllt worden, wodurch auch die richterlichen Beurteilungsmaßstäbe der unteren Instanzgerichte bis zu einem gewissen Grade vereinheitlicht werden konnten.

Ein solcher allgemein verbindlicher Maßstab fehlt jedoch in bezug darauf, wann die einem Beschuldigten zur Last gelegte Tat als schwer einzustufen ist. Als Folge hiervon ist der Angeklagte noch immer zu weitgehend vom subjektiven Ermessen des Vorsitzenden abhängig[1]. In der gerichtlichen Praxis wird noch allzu oft der Begriff „Schwere der Tat" rein formal mit „Verbrechen" bzw. erstinstanzlicher Zuständigkeit des Landgerichts oder Oberlandesgerichts gleichgesetzt. Fehlen diese beiden Kriterien, so wird die Tatschwere häufig von vornherein verneint.

Dies zeigen gerade in jüngster Zeit die praktischen Auswirkungen des Ersten Strafrechtsreformgesetzes auf die Pflichtverteidigung recht anschaulich[2].

Durch dieses Gesetz wurden die Straftaten gemäß §§ 174, 175, 218 II, 236, 243 n. F. StGB nicht nur im Tatbestand verändert, sondern auch von Verbrechen in Vergehen umgestuft[3]. Als Folge hiervon ist die für diese Delikte in den §§ 140 I Ziff. 2, 141 StPO vorgeschriebene Verteidigerbestellung weggefallen.

Werden solche Anklagen beim Schöffengericht erhoben, so entfällt auch noch die in den §§ 140 Ziff. 1, 141 StPO vorgesehene Beiordnung eines Pflichtverteidigers für alle diejenigen Fälle, in denen in erster Instanz vor der Strafkammer verhandelt wird. Auf diese Weise bleibt dem Angeklagten nur noch der Schutz des § 140 II StPO.

Staatsanwaltschaften und Gerichte machen vielfach aus fiskalischen Erwägungen von dieser bei der notwendigen Verteidigung entstandenen

---

[1] Vgl. auch Peters 186.
[2] Siehe zum Folgenden Lantzke NJW 1971-737 ff.
[3] Dies geschah zum Teil ausdrücklich durch eine Abänderung des Strafrahmens, teilweise aber auch als bloße Folge der eingeführten einheitlichen Freiheitsstrafe und der damit zusammenhängenden Neuordnung der Deliktsgruppen in § 1 n. F. StGB.

Lücke regen Gebrauch[4]. Gerade um Pflichtverteidiger „einzusparen", werden die genannten Delikte von den Staatsanwaltschaften nur noch beim Schöffengericht angeklagt[5], dessen Strafgewalt immerhin bis zu drei Jahren Freiheitsstrafe reicht (§ 24 GVG). Bei den Gerichten wird § 140 II entweder übersehen oder seine Anwendung wird aus denselben fiskalischen Erwägungen abgelehnt.

In der Praxis ist es sogar nicht selten vorgekommen, daß Staatsanwälte nach dem Inkrafttreten des Ersten Strafrechtsreformgesetzes unter Hinweis auf die Umstufung des zur Anklage stehenden Delikts vom Verbrechen zum Vergehen die Rücknahme der vorher gemäß § 140 I Ziff. 2 StPO erfolgten Verteidigerbestellung gefordert haben; die Gerichte haben derartigen Anträgen vielfach stattgegeben[6]. Zum Teil sind Pflichtverteidiger noch bei Beginn der Hauptverhandlung wieder entlassen worden, weil die Voraussetzung des Verbrechensvorwurfs formal weggefallen war[7].

Dies zeigt, daß die Einstufung einer Tat als „schwer" oder „nicht schwer" allein unter den Aspekten „Verbrechen" und „Zuständigkeit" nicht richtig sein kann. Wenn allein der formale Wegfall dieser beiden Kriterien genügt, um eine zuvor angenommene Tatschwere — denn § 140 I Ziff. 1, 2 fallen ja letztlich unter den Oberbegriff „Schwere der Tat" — nachträglich zu verneinen, so können dies keine sicheren Indizien sein.

Da im Strafrecht die gegenwärtige Tendenz, den Richter nicht an zu hohe Mindeststrafen zu binden und den Verbrechenscharakter eines Delikts als Ausnahme zu behandeln, mit Sicherheit weiter fortschreiten wird, würde es nach dieser Auffassung eine schwere Tat im Sinne des § 140 II StPO bald kaum noch geben.

Entscheidendes Kriterium, ob „Schwere der Tat" vorliegt oder nicht, hat zu sein, wie nachteilig die Rechtsfolgen sind, die dem Beschuldigten wegen seiner Handlung im Einzelfall drohen, also die konkret zu erwartende Strafe. Dies bedingt aber, die Rechtsfolgen insgesamt viel differenzierter zu sehen als dies in der Praxis zumeist geschieht.

So ist es beispielsweise verfehlt, von vornherein allein darauf abzustellen, ob eine Freiheitsstrafe in Betracht kommt oder nicht bzw. ob

---

[4] So eine Rechtsanwältin aus der praktischen Erfahrung; vgl. Lantzke NJW 1971-737.
[5] Dazu wird die Staatsanwaltschaft sogar ausdrücklich durch Ziffer 108 RiStV angehalten.
[6] Dies bezeugt wiederum Lantzke NJW 1971-737.
[7] Vgl. unveröffentlichter Beschluß des Schöffengerichts Siegburg vom 27. August 1970 (Az. 5 Ls 2/70) bei einer Anklage wegen schweren Diebstahls (§ 243 StGB); zitiert bei Lantzke NJW 1971-737.

eine Strafaussetzung zur Bewährung zu erwarten ist oder nicht, ohne zu berücksichtigen, wie sich dies im individuellen Fall auswirkt.

Auch eine kurzzeitige oder eine zur Bewährung ausgesetzte Freiheitsstrafe kann für den Betroffenen einen erheblichen Einschnitt in sein Leben bedeuten, können doch dadurch seine wirtschaftliche Existenz oder sein gesellschaftliches Ansehen nachhaltig geschädigt werden[8]. Aber auch die mögliche Verhängung einer Maßregel der Sicherung oder Besserung kann den Beschuldigten unter Umständen ungleich hart treffen. So kann beispielsweise die zeitweilige oder völlige Entziehung der Fahrerlaubnis bei bestimmten Berufsgruppen (Berufskraftfahrer, Fahrlehrer, Handelsvertreter u. ä.) zur Vernichtung der wirtschaftlichen Existenz führen.

Es darf also nicht nach rein formalen Anknüpfungspunkten wie „Verbrechen" und „Zuständigkeit" entschieden werden, ob die dem Angeklagten zur Last gelegte Tat schwer ist oder nicht, sondern es sind die oben genannten Gesichtspunkte zugrundezulegen.

Dies wiederum setzt voraus, daß sich der Richter bereits zu Beginn des Prozesses darüber im klaren ist, ob und ggf. welche Strafe oder Maßregel er gegen den Beschuldigten verhängen wird. Eine besondere Problematik ergibt sich dann jedoch daraus, daß der Strafausspruch Bestandteil des Urteils ist; das Urteil aber hat in jedem Falle Ergebnis der Hauptverhandlung zu sein.

Der in § 140 II gewählte Begriff „Schwere der Tat" ist also in zweifacher Hinsicht bedenklich: Zum einen sagt er nichts darüber aus, wie nachteilig die Rechtsfolgen im einzelnen sein müssen, die dem Beschuldigten wegen der ihm zur Last gelegten strafbaren Handlung drohen. Zum anderen zwingt er den Richter, das Urteil hinsichtlich des Strafausspruchs vorwegzunehmen.

2. Besondere Fallgruppen

Wegen der Regelung in § 140 I Ziff. 1 StPO ist es nur in wenigen Ausnahmefällen möglich, dem Beschuldigten im Verfahren vor dem Amtsgericht einen Verteidiger zu bestellen[9]. Dabei werden nahezu 98 Prozent aller erstinstanzlichen Strafsachen vor Amtsgerichten verhandelt[10].

---

[8] So auch H. Schmidt 116.
[9] So ist die Mitwirkung eines Verteidigers immer dann erforderlich, wenn die Anklage vor dem erweiterten Schöffengericht erfolgt; siehe hierzu KMR § 140 Anm. 5 a; Dahs ZRP 1968-18; OLG Bremen NJW 1955-1529.
[10] Statistisches Bundesamt 31, 34.

Es ist mehr als bedenklich, alle diese Strafsachen pauschal als „Bagatellverfahren" abzuqualifizieren[11], bei denen es vollauf genüge, wenn der Angeklagte sich selbst verteidige und er zudem durch die Objektivität der Staatsanwaltschaft und des Gerichts hinreichend geschützt sei[12].

Problematisch sieht auch die Zukunft dieser Bestimmung aus: Bei der zu erwartenden Neuordnung der Gerichtsorganisation und der in diesem Zusammenhang geplanten Abschaffung der Amtsgerichte wird Ziffer 1 in der geltenden Fassung nicht bestehen bleiben können. Spätestens dann wird auch der Aspekt „Zuständigkeit" als Indiz für die Schwere der Tat zwangsläufig neu überdacht werden müssen.

Da die Mitwirkung eines Verteidigers nach § 140 I Ziff. 1 gegenwärtig nur im Verfahren vor dem Oberlandesgericht und vor dem Landgericht ohne Ausnahme erforderlich ist, war es unumgänglich, die in die Zuständigkeit des Amtsgerichts fallenden Fälle notwendiger Verteidigung einzeln im Gesetz aufzuführen.

Diese kasuistische Aufzählung hat jedoch nicht verhindern können, daß die Bestimmung als Ganzes noch immer bedenkliche Lücken aufweist und dadurch den mittellosen Beschuldigten vor Gericht häufig schutzlos läßt. Auch halten die Einzelfallregelungen einer kritischen Prüfung nicht stand.

So führen § 140 I Ziff. 3, 6 StPO sowie § 68 Ziff. 3 JGG in der praktischen Anwendung zu großen Schwierigkeiten für den Richter und zu Benachteiligungen für den Angeklagten, weil hier vom Vorsitzenden Prognosen erwartet werden, die er in diesem frühen Stadium des Verfahrens häufig noch gar nicht stellen kann.

Stellt sich erst in einem fortgeschrittenen Stadium der Verhandlung heraus, daß die Voraussetzungen für eine notwendige Verteidigung gegeben sind, so wird die Bestellung eines Verteidigers zwar sofort nachgeholt, der Angeklagte indes ist bis zu diesem Zeitpunkt unverteidigt geblieben und hat ihm daraus eventuell entstehende Nachteile in Kauf zu nehmen. Hinzu kommt, daß ein Verteidiger, der erst im Laufe der Hauptverhandlung beigeordnet wird, wegen der Kürze der ihm zur Verfügung stehenden Vorbereitungszeit wohl kaum eine große Hilfe für den Beschuldigten sein dürfte.

---

[11] Dies zeigen z. B. die Urteile in KJ 1971-336 ff. und „Frankfurter Rundschau" vom 14. Mai 1971 (ein Jahr Jugendstrafe ohne Bewährungsfrist wegen vierzehnmaligen „Schwarzfahrens" für den nicht vorbestraften Angeklagten; Nichtanrechnung der sechswöchigen Untersuchungshaft auf die Strafhaft) sowie in der „Frankfurter Rundschau" vom 8. Juni 1972 (zehn Monate Haft ohne Bewährungsfrist im beschleunigten Verfahren wegen einer in angetrunkenem Zustand gemachten telefonischen Bombendrohung). Beide Verurteilte waren ohne Verteidiger. Vgl. auch Dahs ZRP 1968-18.

[12] Dies behauptet z. B. Henkel 155.

I. 2. Besondere Fallgruppen

Zu bemängeln ist weiterhin, daß der *Erlaß* eines Unterbringungsbefehls trotz § 140 I Ziff. 3 StPO eine vorherige Verteidigerbestellung nicht voraussetzt[13]. Dieser Zustand beruht — trotz aller Kasuistik — offensichtlich auf einer Gesetzeslücke. Er führt zu der paradoxen Situation, daß die Mitwirkung eines Verteidigers zwar *vor* einer in Betracht kommenden und *nach* einer vollzogenen Unterbringung in einer Heil- oder Pflegeanstalt erforderlich ist, nicht dagegen aber in dem Augenblick, in dem der Unterbringungsbefehl erlassen wird.

Eine vergleichbare Situation besteht beim Erlaß eines Haftbefehls (§ 114 StPO); dieser hat die sofortige — nicht selten jahrelange — Freiheitsentziehung des zwar der Tat dringend Verdächtigen, nicht jedoch rechtskräftig Verurteilten zur Folge. Dennoch braucht nach dem Gesetz auch in diesem Fall ein Anwalt nicht hinzugezogen zu werden.

Der Erlaß eines Haftbefehls oder eines Unterbringungsbefehls stellt einen derart schwerwiegenden Eingriff in die Grundrechte, insbesondere in die Freiheitsrechte des Betroffenen dar, daß die Mitwirkung eines Verteidigers am Verfahren auch in diesen Fällen ein dringendes Gebot der Rechtsstaatlichkeit ist.

Könnte man hierbei noch von einem — allerdings schwerwiegenden — gesetzestechnischen Versäumnis sprechen, so offenbaren die Drei-Monats-Frist und die Zwei-Wochen-Frist in § 140 I Ziff. 5 StPO eine geringschätzige Einstellung des Gesetzgebers zur Verteidigung überhaupt[14].

Erfahrungsgemäß steht der Angeklagte — sofern er nicht schon häufiger mit dem Strafgesetz in Konflikt gekommen ist — im Zeitpunkt seiner Entlassung noch völlig unter dem Eindruck der mindestens dreimonatigen Untersuchungshaft. Hinzu kommt, daß er in dieser Zeit über nennenswerte Möglichkeiten zur Kommunikation mit der Außenwelt nicht verfügte. In dieser Situation wird ihm zugemutet, sich binnen vierzehn Tagen auf die Hauptverhandlung vorzubereiten.

Während die Justiz sich mit ihren Ermittlungen ein Vierteljahr und länger Zeit gelassen hat, wird dem Beschuldigten also bestenfalls ein Sechstel dieser Spanne zugestanden, um seine eigene Verteidigung zu organisieren.

Auch sollte es selbstverständlich sein, daß jeder Angeklagte, der durch längeren Freiheitsentzug an einer wirksamen Verteidigung gehindert ist, in gleichem Maße den Schutz des Gesetzes genießt. Es muß deshalb offenbleiben, warum die Strafprozeßordnung die Beiordnung eines Verteidigers nicht auch für den Beschuldigten vorsieht, der zwar

---

[13] So die vorherrschende Meinung; vgl. stellv. KMR § 126 a Anm. 3 d. Mittelbar ergibt sich dies auch aus § 126 a II i. V. m. §§ 117 IV, 118 a II StPO.

[14] Ebenfalls kritisch zu diesen Fristen KMR § 140 I Ziff. 5 Anm. b; H. Schmidt 100.

nicht in einer Heil- oder Pflegeanstalt, wohl aber eine gewisse Zeit in einer Trinkerheilanstalt oder in einer Entziehungsanstalt untergebracht war[15].

Weiterhin fragt es sich, warum nicht die Strafhaft der Untersuchungshaft gleichgestellt ist. Sinn und Zweck des § 140 I Ziff. 5 kann nur sein, dem Beschuldigten einen Ausgleich für die mit der Freiheitsentziehung verbundene Erschwerung seiner Verteidigung zu gewähren[16]. Der Strafgefangene ist durch die ihm auferlegten Freiheitsbeschränkungen aber nicht weniger in seinen Verteidigungsmöglichkeiten beeinträchtigt als der Untersuchungshäftling, der in der anhängigen oder in einer anderen Sache einsitzt[17].

Bis vor kurzem hat die Rechtsprechung eine Gleichstellung im Wege verfassungskonformer Auslegung selbst dann abgelehnt, wenn § 140 I Ziff. 5 gegen den Gleichheitssatz (Art. 3 I GG) verstoßen sollte[18]. Einen Durchbruch hat hier erst in jüngster Zeit die Entscheidung des Oberlandesgerichts Schleswig[19] gebracht.

Nicht zuletzt verdienen auch diejenigen Angeklagten den Schutz der Ziffer 5, die sich zwar nicht vor Beginn der Hauptverhandlung, wohl aber vor Abgabe der Rechtsmittelbegründung längere Zeit nicht auf freiem Fuß befunden haben, sowie rechtskräftig Verurteilte, die eine Wiederaufnahme ihres Verfahrens erreichen wollen[20].

Da es sich bei den in § 140 I unter den Ziffern 1 bis 7 genannten Fällen letztlich nur um eine Präzisierung der „Generalklausel" des Absatz 2 handelt, wäre es rechtspolitisch vorteilhafter gewesen, bei der Regelung besonderer Fallgruppen als Anknüpfungspunkt für die notwendige Verteidigung nicht formale, sondern sachliche Kriterien zugrundezulegen.

3. Sonderfälle

Die §§ 81 II, 117 IV, 118 a II, 126 a II, 350 III StPO sind nicht Ausdruck der „Generalklausel" des § 140 II StPO; vielmehr handelt es sich hierbei um eigenständige Fälle notwendiger Verteidigung. Die unge-

---

[15] Ebenso Dünnebier in Löwe-R I § 140 Anm. II, 5; vgl. auch H. Schmidt 99.
[16] Ebenso EbSchmidt Nachträge § 140 Rz. 19; KMR § 140 Anm. 4.
[17] Dies hebt auch OLG Hamm NJW 1970-905 hervor. Siehe auch EbSchmidt Nachträge § 140 Rz. 19; Dünnebier in Löwe-R I § 140 Anm. II, 5; Kleinknecht § 140 Anm. 3; Krey NJW 1970-1908.
[18] Vgl. OLG Hamm NJW 1970-905 f. Kritisch zu dieser Entscheidung Krey NJW 1970-1908; Ostermeyer ZRP 1970-174 f.
[19] MDR 1972-708.
[20] In gleichem Sinne EbSchmidt Nachträge § 140 Rz. 11; Peters Fehlerquellen II 264 f.

I. 3. Sonderfälle

ordnete und unsystematische Behandlung dieser Sonderfälle in der Strafprozeßordnung läßt Rückschlüsse darauf zu, welch geringen Stellenwert der Gesetzgeber diesen Regelungen im System der verfahrensrechtlichen Vorschriften beimißt.

Ein bezeichnendes Beispiel für die Unübersichtlichkeit der Bestimmungen ist § 81 II StPO, der inhaltlich voll mit § 140 I Ziff. 6 übereinstimmt. Erst eine Auslegung nach dem Sinn beider Vorschriften ergibt, daß § 81 II weiter geht als § 140 I[21]. Es ist deshalb mehr als naheliegend, beide Regelungen in einer einzigen Bestimmung zusammenzufassen.

Im Hinblick auf § 117 IV StPO[22] ist unverständlich, warum der Beschuldigte erst *drei Monate* in Untersuchungshaft einsitzen muß, ehe ihm das Recht und die Möglichkeit zugestanden werden, mit Hilfe eines Pflichtverteidigers seine Entlassung anzustreben.

Der Schluß liegt nahe, daß der Gesetzgeber einen derart nachhaltigen Eingriff in die Freiheitsrechte des Betroffenen nicht als so schwerwiegend ansieht, als daß er eine sofortige Verteidigerbestellung rechtfertigen könnte.

Dagegen hat derjenige, der die finanziellen Mittel für einen Wahlverteidiger aufbringen kann, die Möglichkeit, mit dessen Hilfe schon vom *ersten Tage* der Untersuchungshaft an seine Freilassung zu betreiben.

Die Regelung erstaunt auch deshalb um so mehr, als nach Ablauf des genannten Zeitraums ohnehin eine Haftprüfung von Amts wegen vorgeschrieben ist, sofern der Beschuldigte zu diesem Zeitpunkt keinen Verteidiger hat. Hat also der mittellose Untersuchungshäftling nur erst einmal seine drei Monate abgesessen, so ist der Staat gleich in doppelter Weise um sein Wohl bemüht.

Vorher bleibt ihm nur die Möglichkeit, von sich aus einen Antrag auf Haftprüfung zu stellen oder Beschwerde gegen den Haftbefehl einzulegen (§§ 117, 304 ff. StPO).

Doch darf auch in diesem Zusammenhang nicht verkannt werden, daß derjenige, der — vielleicht zum erstenmal in seinem Leben — in Untersuchungshaft einsitzt, häufig unter einer gewissen Schockwirkung steht, unter Depressionen leidet, verzweifelt und mutlos ist und sich deshalb selten in der körperlichen und seelischen Verfassung befindet, um von seinen Rechten — wenn sie ihm überhaupt bekannt sind — in sinnvoller Weise Gebrauch machen zu können.

---

[21] Dünnebier in Löwe-R I § 140 Anm. I, 3 vertritt die Auffassung, § 81 II sei neben § 140 I Ziff. 6 StPO bedeutungslos und solle deshalb gestrichen werden.

[22] Nach Ansicht von Dünnebier in Löwe-R I § 140 Anm. I, 3 sollte bei einer Reform § 117 IV nach § 140 übertragen werden.

In dieser Situation bedarf es des Sachverstandes eines Verteidigers und seiner ohne falsche Emotionen vorgenommenen Beurteilung der Sach- und Rechtslage, um für den Beschuldigten das Bestmögliche zu erreichen. Deshalb ist — unter Wegfall des hemmenden Antragserfordernisses — eine Verteidigerbestellung schon am ersten Tag der Untersuchungshaft ein dringendes Gebot der Rechtsstaatlichkeit.

II. Der Pflichtverteidiger

Auch die gesetzlichen Regelungen, die die allgemeine Qualifikation des Pflichtverteidigers sowie das Verfahren im Zusammenhang mit seiner Bestellung betreffen, geben Anlaß zur Kritik.

1. Zur Qualifikation des Pflichtverteidigers

Was den Kreis der als Pflichtverteidiger in Betracht kommenden Personen betrifft, so muß die Regelung des § 142 II StPO auf Bedenken stoßen, nach der in bestimmten Fällen auch Referendare, die seit mindestens 15 Monaten im Justizvorbereitungsdienst beschäftigt sind, zu Verteidigern bestellt werden können[23].

Zwar wird es einem Referendar wohl kaum an gutem Willen und innerer Begeisterung für die von ihm zu vertretende Sache fehlen, doch hapert es häufig schon von vornherein an seiner spezifischen Qualifikation, da er keine praktische Erfahrung als Strafverteidiger besitzt. Vor allem aber ist es ihm in der Regel nicht möglich, neben seinen laufenden Dienstgeschäften noch zusätzlich die zur sachgerechten Vorbereitung einer Verteidigung erforderliche Zeit zu erübrigen, zumal dann, wenn der Prozeßbeginn kurz bevorsteht.

Außerordentlich problematisch ist insbesondere die Beiordnung eines Referendars als Verteidiger in einem Jugendstrafverfahren[24]. Zum einen mangelt es dem Referendar meist schon an der nötigen Erfahrung im Umgang mit sozial gefährdeten Jugendlichen und Heranwachsenden. Zum anderen verfügt er — wenn überhaupt — nur über unzureichendes Wissen in bezug auf die Psyche jugendlicher Delinquenten[25].

Da Referendare im Beamtenverhältnis auf Widerruf stehen[26], nehmen sie Pflichtverteidigungen im Rahmen ihrer dienstlichen Obliegenheiten

---

[23] In diesem Sinne auch EbSchmidt Kolleg 54.
[24] Kritisch hierzu auch Cohnitz 56.
[25] Folgerichtig heißt es deshalb auch in den amtlichen Richtlinien zu § 68 JGG: „Es empfiehlt sich, nach § 68 möglichst nur Verteidiger zu bestellen, die erzieherisch befähigt und in der Jugenderziehung erfahren sind." Diese Voraussetzungen werden selbst von Anwälten nur selten erfüllt. Nach Meinung von Grethlein/Brunner § 68 Anm. 1a genügen Referendare regelmäßig nicht den Anforderungen dieser amtlichen Richtlinie.
[26] Vgl. z. B. § 20 I des hessischen Juristenausbildungsgesetzes vom 12. 3. 1974.

wahr. Aus diesem Grund entfällt für sie — im Gegensatz zum freiberuflich tätigen Rechtsanwalt — auch jeglicher Anspruch auf gesonderte Vergütung ihrer Verteidigertätigkeit aus der Staatskasse.

Dies legt den Schluß nahe, daß die Regelung des § 142 II in erster Linie den Zweck verfolgt, dem Fiskus in diesen Fällen die Honorierung des Pflichtverteidigers zu ersparen und auf diese Weise eine Belastung der Staatskasse zu vermeiden[27]. Das Interesse des Beschuldigten am Beistand durch einen fachlich qualifizierten und persönlich unabhängigen Verteidiger darf aber niemals fiskalischen Belangen untergeordnet werden[28].

Die Beiordnung eines Referendars als Pflichtverteidiger ist daher aus grundsätzlichen Erwägungen abzulehnen.

2. Die Bestellung des Pflichtverteidigers

Im Unterschied zum finanziell privilegierten Beschuldigten, der sich bereits während des Vorverfahrens des Beistandes eines Wahlverteidigers bedienen kann, hat der unbemittelte Beschuldigte bereits in diesem frühen Stadium des Prozesses erhebliche Nachteile in Kauf zu nehmen.

Eine Verteidigung ist nur dort zwingend vorgeschrieben, wo schwerwiegende Eingriffe in Grundrechte des Betroffenen die Mitwirkung eines Anwalts unumgänglich machen, wie dies bei lang andauernder Untersuchungshaft oder bei zu erwartender Unterbringung in einer Heil- oder Pflegeanstalt der Fall ist.

Ansonsten bleibt der Beschuldigte darauf angewiesen, daß der Vorsitzende entweder von sich aus eine Verteidigung für notwendig erachtet oder daß die Staatsanwaltschaft einen diesbezüglichen Antrag stellt, dem der Vorsitzende zu entsprechen hat. Ein solcher Antrag ist jedoch erst nach Abschluß der Ermittlungen möglich und gilt dann lediglich noch für das Stadium der gerichtlichen Voruntersuchung (§§ 178 ff. StPO), sofern eine solche überhaupt durchgeführt wird, was nur in Ausnahmefällen geschieht[29]. Zudem machen Staatsanwaltschaften und Gerichte aus fiskalischen Erwägungen in der Regel von der nach § 141 III StPO gegebenen Möglichkeit keinen Gebrauch[30].

---

[27] Gestützt wird diese Annahme auch dadurch, daß es nach der bis zum 31. März 1965 (!) geltenden Fassung des § 142 II sogar möglich war, „Justizbeamte, die nicht als Richter angestellt sind", sowie Referendare ohne Beschränkung auf bestimmte Fälle als Verteidiger zu bestellen.
[28] So auch ganz entschieden Krattinger 336.
[29] Vgl. Baumann 77. Im Zuge einer geplanten Änderung der Strafprozeßordnung soll die gerichtliche Voruntersuchung künftig ganz wegfallen, um auf diese Weise eine Beschleunigung des Verfahrens zu erreichen; vgl. „Frankfurter Rundschau" vom 24. März 1972.
[30] Lantzke NJW 1971-737.

Der Beschuldigte selbst hat indes kein Recht, einen entsprechenden Antrag im Vorverfahren zu stellen[31], bleibt also unter Umständen über Monate und Jahre hinweg unverteidigt und hat ihm daraus entstehende Nachteile in Kauf zu nehmen[32].

Um dem Vorbringen des Anklägers überzeugende Argumente entgegensetzen zu können, darf sich die Verteidigung jedoch nicht allein auf die Hauptverhandlung konzentrieren. Je früher der Verteidiger tätig wird, desto wirkungsvoller kann er die Belange des Beschuldigten wahrnehmen, weil Richtung und Akzente des weiteren Verfahrens häufig bereits während der polizeilichen Ermittlungen gesetzt werden[33]. Mängel und Nachlässigkeiten in der Aufklärung werden meistens im weiteren Prozeßverlauf nicht mehr behoben[34]. Daher ist die Tätigkeit des Verteidigers im Vorverfahren zunächst einmal für die richtige und vollständige Beibringung des Entlastungsmaterials von großer Bedeutung[35].

Darüber hinaus kommt dem Verteidiger die Aufgabe zu, die Achtung der Individualrechte des Beschuldigten durch die Ermittlungsbehörden zu überwachen, insbesondere gegen unzulässige Vernehmungsmethoden und die Verwertung unrichtiger Vernehmungsprotokolle als Grundlage für die Anordnung vorläufiger Maßnahmen (Untersuchungshaft, Entziehung der Fahrerlaubnis) Einspruch zu erheben[36].

Bedenkliche Auswirkungen hat das Fehlen eines Verteidigers auch in den Fällen, in denen sich die Zuziehung von Sachverständigen als notwendig erweist.

Zentrales Problem bei der Verwendung des Sachverständigenbeweises ist die Auswahl des Gutachters[37], die nach § 73 I StPO dem Richter obliegt.

Obwohl es dem Richter an der fraglichen Sachkunde gerade mangelt[38], soll er dennoch sowohl das Fachgebiet, aus dem der Gutachter aus-

---

[31] Jedenfalls hat sich die Ansicht von EbSchmidt Nachträge § 141 Rz. 5 noch nicht durchgesetzt, daß § 141 III StPO dem Beschuldigten das Recht gibt, von sich aus im Vorverfahren die Bestellung eines Pflichtverteidigers zu beantragen.

[32] Mit Recht sieht deshalb EbSchmidt Nachträge § 141 Rz. 5 in § 141 III StPO „ein Musterbeispiel dafür, wie der Gesetzgeber alle Entscheidungen tunlichst umgeht, die Justizorgane verantwortlich macht und die Formenstrenge des Prozeßrechts aus Verantwortungsscheu aufweicht".

[33] Ebenso Dahs 126.

[34] Vgl. Peters Untersuchungen 15 f.

[35] Nach Peters Fehlerquellen II 265 sind viele Wiederaufnahmeverfahren auf ungenügende Sachaufklärung im Ermittlungsverfahren zurückzuführen.

[36] Siehe zum Ganzen namentlich Dahs 126 ff.

[37] Dies heben zutreffend hervor Geerds ArchKrim Bd. 137 (1966)-162 f.; Graßberger 275.

[38] In diesem Sinne vor allem Leferenz 5 f.; Judex 142 f.

zuwählen ist, zutreffend bestimmen[39] als auch über dessen fachliche und menschliche Qualitäten befinden[40]. Dies überfordert ihn häufig, zumal eine sinnvolle Auswahl des Sachverständigen in der Regel eine fundierte Allgemeinbildung voraussetzt, die man bei der heute noch immer zu einseitig ausgerichteten Juristenausbildung nicht unbedingt erwarten kann[41].

Mit der Auswahl des Sachverständigen, d. h. mit der Entscheidung für die wissenschaftliche Disziplin, der er angehört, und für die Richtung, die er innerhalb seines Faches vertritt, werden häufig die entscheidenden Weichen für den weiteren Verlauf des Verfahrens gestellt[42]. Wird der Verteidiger erst nach Abschluß des Vorverfahrens bestellt, so hat er keine Möglichkeit mehr, die Auswahl des Gutachters durch den Richter und damit die künftige Richtung des Prozesses zu beeinflussen[43].

Der Beschuldigte selbst ist meist nicht in der Lage, die Auswirkungen, die von der Auswahl eines bestimmten Gutachters gerade auf „sein" Verfahren u. U. ausgehen können, in ihrer ganzen Tragweite zu erfassen. Er wird deshalb auch kaum von der ihm zustehenden Möglichkeit eines Ablehnungsantrags (§ 74 StPO) sinnvoll Gebrauch machen können.

Die dem Angeklagten vom Gesetz eingeräumten Möglichkeiten, einmal im Prozeß vorgebrachte Thesen des gerichtlichen Sachverständigen hernach zu erschüttern oder gar zu widerlegen, sind begrenzt[44]. Die Möglichkeit, selbst Sachverständige zu laden (§ 245 StPO), kommt gewöhnlich schon aus Kostengründen von vornherein nicht in Betracht[45]. Denn wenn der Angeklagte nicht einmal in der Lage ist, das Honorar für einen Wahlverteidiger aufzubringen, so wird er erst recht nicht imstande sein, eigene Gutachter zu verpflichten, um sie den Sachverständigen des Gerichts gegenüberzustellen[46].

---

[39] Hierzu aus der Sicht des Strafrichters Ostermeyer 53 ff.

[40] Im einzelnen dazu Gerchow ArchKrim Bd. 134 (1964)-129 f.

[41] Zutreffend betont von Geerds ArchKrim Bd. 137 (1966)-162 f. Vgl. auch Peters Fehlerquellen II 331 ff.; Lautmann 98 ff.; Friesenhahn DRiZ 1969-173.

[42] Sachverständige halten sich leicht für eine Art von Hilfsorgan der Staatsanwaltschaft und des Gerichts, da sie ständig von diesen bestellt und schon im Ermittlungsverfahren als sachkundige Helfer der Polizei tätig werden. Dadurch wird auch bei bestem Willen ihre Einstellung zur Sache beeinflußt, die nicht selten offen zutage tritt; Dahs 113. Vgl. auch Bremer 144 f.

[43] Dies bestätigt Peters Fehlerquellen II 267.

[44] Vgl. § 244 IV StPO.

[45] Diese unbefriedigende Situation gilt nicht nur für die Gewinnung und Honorierung von Gutachtern. Generell ist der mittellose Beschuldigte bei der Beschaffung von entlastenden Beweismitteln von vornherein gegenüber dem reichen Angeklagten benachteiligt.

[46] Diesen Umstand beklagen auch Fleck/Müller ZRP 1969-174 f.

Nicht rechtzeitig vorgebrachte Bedenken gegen die Auswahl eines bestimmten Gutachters können daher für den Beschuldigten u. U. statt Freispruch Verurteilung bedeuten[47].

Eine wesentliche Funktion des Verteidigers im Vorverfahren besteht auch darin, durch die Geltendmachung von Verfahrenshindernissen, etwa Verfolgungsverjährung, die Einstellung des Verfahrens zu bewirken[48], was dem Beschuldigten mangels einschlägiger Kenntnisse zumeist nicht möglich ist.

Wichtigstes Privileg des Verteidigers ist sein Recht, unter bestimmten Voraussetzungen Einsicht in die Akten der Staatsanwaltschaft nehmen zu können (§ 147 StPO). Dieses Recht, das dem Beschuldigten auch im weiteren Verlauf des Prozesses unter keinen Umständen zusteht, eröffnet dem Anwalt wirksame Möglichkeiten zum Schutze seines Mandanten. So befähigt ihn die Kenntnis des Akteninhalts beispielsweise, in einer Unterredung mit dem zuständigen Staatsanwalt u. U. die Einstellung des Verfahrens zu erreichen.

Trotz vielfacher Beschränkungen durch das Gesetz hat der Verteidiger also dennoch schon im Stadium des Vorverfahrens gewisse Möglichkeiten, im Sinne des Beschuldigten Einfluß auf den Fortgang der Untersuchung zu nehmen, so daß es im günstigsten Fall zu einer Anklageerhebung erst gar nicht kommt.

Nur der finanziell bemittelte Beschuldigte ist aber in der Lage, diese Möglichkeiten durch die rechtzeitige, d. h. möglichst frühzeitige Wahl eines Verteidigers für sich zu nutzen[49]. Hingegen ist der vermögenslose Beschuldigte in der Regel gezwungen, den Abschluß der Ermittlungen und die Zustellung der Anklageschrift abzuwarten, ehe ein Pflichtverteidiger seine Interessen wahrnehmen kann. Ob aber die in diesem Zeitpunkt noch möglichen Einwendungen gegen die Anklage oder ein Antrag auf Vornahme einzelner Beweiserhebungen[50] dann noch wirksame prozessuale Mittel sind, um eine Anklageerhebung abzuwenden, muß bezweifelt werden[51].

Die hohe Zahl von jährlich rund 50 000 Angeklagten, die in der nachfolgenden Hauptverhandlung freigesprochen werden, läßt vermu-

---

[47] Dies beweisen sehr eindrucksvoll die Untersuchungen von Peters Fehlerquellen II 118 ff. über den Anteil des Sachverständigen am Zustandekommen fehlerhafter Urteile. Siehe in diesem Zusammenhang auch Hirschberg Fehlurteil 54 ff., ebenfalls mit Beispielen aus der Praxis.
[48] Vgl. Dahs 126.
[49] Über die Vorteile, die der durch einen Anwalt im Vorverfahren vertretene Beschuldigte hat, siehe im einzelnen Dahs 125 ff.
[50] Vgl. § 201 StPO.
[51] Ähnlich Dahs ZRP 1968-19.

II. 2. Die Bestellung des Pflichtverteidigers

ten, daß es bei einer sachgerechten Verteidigung im Verlaufe des Vorverfahrens in vielen Fällen zu einer Anklageerhebung erst gar nicht gekommen wäre.

Bedenklich stimmt auch das Ergebnis einer Untersuchung, die 1962 — zwei Jahre vor der Liberalisierung des Haftrechts — durchgeführt wurde. Danach wurden 37 Prozent aller Untersuchungshäftlinge in der Hauptverhandlung freigesprochen oder zu einer Freiheitsstrafe verurteilt, die zeitlich kürzer war als die Dauer der Untersuchungshaft[52]. Da die Haftgründe im Juni 1972 erneut beträchtlich verschärft wurden, sind für die Zukunft wieder ähnliche Relationen zu erwarten.

Die frühzeitige Beiordnung eines Verteidigers hätte auch hier wahrscheinlich in den meisten Fällen den Betroffenen all jene Unannehmlichkeiten erspart, die mit dem Aufenthalt in der Untersuchungshaft und der Teilnahme an der Hauptverhandlung zwangsläufig verbunden sind[53].

Die allein schon mit der Anklage verbundene Beeinträchtigung seines Ansehens bedeutet für den Angeklagten die Versetzung in einen sozialen Status zweiter Ordnung[54]. Die seelischen Belastungen, die die Betroffenen in diesem Zusammenhang zu ertragen haben, sowie ihr anschließend oft auf Dauer gestörtes Verhältnis zur Umwelt sollte man nicht geringschätzen. Denn nicht selten stempeln eine lang andauernde Untersuchungshaft mit nachfolgender mehr oder weniger spektakulärer Hauptverhandlung den schließlich Freigesprochenen in den Augen seiner Mitbürger doch noch zum Kriminellen[55].

Im Zusammenhang mit der Bestellung des Pflichtverteidigers ist weiterhin zu bemängeln, daß die Ladungsfrist des § 218 StPO nicht zwingend ist; vielmehr läßt § 145 StPO auch eine kurzfristige Verteidigerbestellung zu.

So ist es z. B. in der Praxis nicht selten, daß erst während der Hauptverhandlung ein zufällig im Gerichtssaal anwesender Anwalt zum Pflichtverteidiger bestellt wird und auch sofort — ohne daß die Verhandlung zuvor unterbrochen oder ausgesetzt worden wäre — bereit ist, die Funktion eines Verteidigers wahrzunehmen[56]. Weder ist in einem solchen Fall eine Vertrauensbasis zwischen Angeklagtem und Anwalt vorhanden noch reicht die Zeit für eine sachgerechte Vorbereitung der Verteidigung[57].

---

[52] Arnau 46. Vgl. auch „Frankfurter Rundschau" vom 23. Juni 1972.
[53] Über die psychologische Situation des Einzelnen in der Hauptverhandlung sehr anschaulich Lautmann 77 f.; Ostermeyer 57 ff.; Kraschutzki 112 ff.
[54] Hierauf weist mit Recht Dahs AnwBl 1959-18 hin.
[55] Ähnlich Lautmann 81; Plack 113.
[56] Siehe hierzu das drastische Beispiel bei Dolph AnwBl 1972-68.
[57] Folgerichtig verlangt deshalb EbSchmidt Nachträge § 145 Rz. 13 f., daß

4. Teil, 1. Abschnitt: Kritik der gegenwärtigen Regelung

Eine solche Verteidigung, die lediglich dazu dient, den gesetzlichen Erfordernissen formal zu genügen, muß zwangsläufig zu Lasten des Angeklagten gehen, der sich gegen eine solche Behandlung kaum zur Wehr setzen kann[58]; sie kommt einer Versagung des rechtlichen Gehörs gleich[59].

Zu bemängeln ist weiterhin, daß nach ständiger Rechtsprechung und auch nach der im Schrifttum vorherrschenden Meinung[60] die Bestellung eines Verteidigers sich zwar auf das Einlegen und Begründen der Revision erstrecken soll, jedoch nicht mehr auf sein Auftreten in der Hauptverhandlung vor dem Revisionsgericht[61].

Die Strafprozeßordnung enthält jedoch keine Bestimmung, nach der der Umfang der Verteidigerbestellung gemäß § 141 auf bestimmte Verfahrensabschnitte beschränkt wäre. Eine Bestellung, die nicht ausdrücklich beschränkt wurde, also für die gesamte Prozeßdauer erfolgt ist, kann nicht im Wege einer „Auslegung" dahingehend zurückgenommen werden, daß sie für einen bestimmten Verfahrensabschnitt nicht gelte[62].

Durch die Beiordnung eines Verteidigers soll ein Angeklagter nach dem Willen des Gesetzgebers grundsätzlich den gleichen Rechtsschutz erhalten wie ein Angeklagter, der sich auf eigene Kosten einen Verteidiger gewählt hat[63]. Auch für das Revisionsverfahren schreibt die Strafprozeßordnung eine „Hauptverhandlung" vor, in deren Verlauf der Angeklagte und sein Verteidiger mit ihren Ausführungen und Anträgen zu hören sind (§ 351).

Wenn das Revisionsgericht in der mündlichen Verhandlung den Vortrag des Berichterstatters entgegennimmt und die Ausführungen des Anklägers anhört, ohne daß der mittellose Beschuldigte durch einen Verteidiger hierzu Stellung nehmen kann, so liegt nicht nur ein Verstoß gegen § 351 II StPO vor. Gleichzeitig sind auch der Gleichheitssatz (Art. 3 I GG) sowie der Grundsatz des rechtlichen Gehörs (Art. 103 I GG) verletzt[64].

---

z. B. bei einem Wechsel in der Person des notwendigen Verteidigers die Hauptverhandlung wiederholt wird. Vgl. auch Börker MDR 1956-578 ff.

[58] Der Angeklagte hat lediglich die Möglichkeit, einen Antrag auf Aussetzung der Hauptverhandlung zu stellen, doch dürfte ihm dieses Recht häufig unbekannt sein, abgesehen davon, daß das Gericht einen solchen Antrag natürlich als unbegründet ablehnen und anschließend weiterverhandeln kann.

[59] In diesem Sinne auch BGHZ 27-167; früher schon RGSt 77-153 ff.

[60] Siehe stellv. für die umfangreiche Literatur zu diesem sehr kontroversen Thema Schorn 46 mit zahlreichen Nachweisen.

[61] Die herrschende Meinung erkennt als Ausnahme lediglich die Regelung des § 350 III StPO an.

[62] Vgl. auch Stackelberg AnwBl 1958-175 f.; Peters 186.

[63] BVerfGE 9-36, 38; OLG Hamburg MDR 1972-799 = AnwBl 1972-287.

[64] A. A. BVerfG NJW 1965-147 mit ablehnender Anmerkung von Arndt. Vgl. auch Arndt NJW 1959-6 ff.

II. 2. Die Bestellung des Pflichtverteidigers

Im Schrifttum wird deshalb gelegentlich schon im Hinblick auf die allgemeine Pflicht des Staates, dem Angeklagten ein „fair trial" (Art. 6 III c MRK) zu gewähren, die Verpflichtung des Revisionsgerichts angenommen, jedenfalls bei schwieriger Rechtslage entweder die Bestellung des aus der Tatsacheninstanz vorhandenen Pflichtverteidigers auf die ganze Revisionsinstanz auszudehnen oder einen Anwalt lediglich für die Hauptverhandlung zu bestellen[65].

Auch der Bundesgerichtshof will es dem Vorsitzenden des Revisionsgerichts vorbehalten, einen Verteidiger für die Revisionshauptverhandlung beizuordnen, wenn ein Fall des § 140 II StPO vorliegt[66].

Diese Auffassung ist jedoch entschieden abzulehnen, weil auf diese Weise der Rechtsmittelrichter, der gar nicht zuständig ist, eine Entscheidung des gesetzlichen Richters (§§ 141 IV, 142 StPO) im nachhinein korrigiert[67].

Außerdem wird die Verteidigerbestellung damit nur wieder einmal mehr von unbestimmten Rechtsbegriffen mit Beurteilungsspielraum abhängig gemacht. Wenn ein Senatspräsident beim Bundesgerichtshof erklärt, er habe in sechs Jahren insgesamt dreimal (!) einen Verteidiger für die Revisionsverhandlung beigeordnet[68], so zeigt diese Äußerung, daß für den unbemittelten Angeklagten die Möglichkeit einer sachgerechten Verteidigung zu einem Glücksspiel mit minimalen Chancen und ungewissem Ausgang wird.

Ein solcher Zustand darf in Anbetracht der großen Bedeutung der Revisionsverhandlung, von deren Ausgang das weitere Schicksal des Angeklagten in entscheidendem Maße abhängt, nicht hingenommen werden.

Zu fragen ist deshalb, warum die herrschende Meinung hinsichtlich der Verteidigerbestellung für die Revisionsinstanz contra legem in der beschriebenen Weise differenziert. Zu vermuten ist, daß damit sachfremden Erwägungen, insbesondere fiskalischen Gesichtspunkten, Rechnung getragen wird[69].

In der Tat liegen fast allen gerichtlichen Entscheidungen, die zu dieser Problematik ergangen sind, unterschiedliche Auffassungen der Staatskasse und des Pflichtverteidigers darüber zugrunde, ob letzterem

---

[65] Siehe hierzu stellv. KMR § 350 Anm. 2.
[66] BGHSt 19-258 ff. = NJW 1964-1035 ff.
[67] In dieser Richtung auch Seydel NJW 1964-1035.
[68] Sarstedt 282. An anderer Stelle erläutert ders. 18, daß der Revisionsrichter u. a. deshalb nicht der Kontrolle eines Verteidigers bedürfe, weil er im Unterschied zum Tatrichter „in größerer Ruhe" (!) arbeite.
[69] Zu diesem Schluß kommt auch OLG Hamburg NJW 1964-418 f.

für sein Auftreten in der Revisionsverhandlung Gebühren zustehen oder nicht[70].

Die an und für sich begrüßenswerte Absicht, die Staatskasse soweit wie möglich zu schonen[71], darf jedoch nicht dazu führen, daß bestehende Gesetze zu Lasten des mittellosen Beschuldigten nicht angewendet werden.

3. Die Auswahl des Pflichtverteidigers

Rechtspolitisch bedenklich ist auch die gegenwärtige Regelung, nach der für die Verteidigerbestellung allein der Vorsitzende und nicht das Gericht als Ganzes zuständig ist (§ 141 IV StPO). Bei unterschiedlichen Ansichten der einzelnen Richter über die Notwendigkeit der Verteidigung haben diese keine Möglichkeit, ihre abweichenden Meinungen wirksam zum Ausdruck zu bringen.

Auch hinsichtlich der Auswahl des Pflichtverteidigers sieht das Gesetz eine vorherige Anhörung oder gar ein Mitbestimmungsrecht der anderen Richter oder des Angeklagten nicht vor. Dem Vorsitzenden ist es somit im Rahmen des § 142 StPO völlig freigestellt, wen er zum Verteidiger bestellt. Dadurch erhält er meist schon in einem sehr frühen Stadium des Verfahrens die Möglichkeit, den weiteren Verlauf des Prozesses, insbesondere aber der Hauptverhandlung, in seinem Sinne zu beeinflussen.

Hat der Vorsitzende die Auswahl unter mehreren, ihm aus voraufgegangenen Prozessen bekannten Anwälten, so besteht stets die Gefahr, daß er denjenigen zum Pflichtverteidiger bestellt, von dem er weiß oder zumindest annimmt, daß er die Verteidigung in Übereinstimmung mit den rechtlichen und tatsächlichen Ansichten des Gerichts führen wird[72]. Dies trifft um so mehr zu, wenn dem Vorsitzenden von einem bestimmten Anwalt in einer früheren Hauptverhandlung schon einmal „Schwierigkeiten" bereitet worden sind[73].

---

[70] Vgl. die Entscheidungen BGHSt 19-258 ff. = NJW 1964-1035 ff.; OLG Frankfurt AnwBl 1958-174 f.; OLG Hamburg NJW 1964-418 f.; LG Frankfurt NJW 1967-1816 f.

[71] Dazu bekennt sich in ähnlichem Zusammenhang ausdrücklich LG Frankfurt NJW 1967-66 f., nämlich bei Prüfung der Frage, ob die Teilnahme des Verteidigers an der Revisionshauptverhandlung notwendig i. S. des § 467 II StPO ist. Nach dieser Entscheidung ist der Verteidiger „zu einer vollständigen schriftlichen Revisionsbegründung verpflichtet, damit eine ungerechtfertigte Belastung der Staatskasse durch die Kosten für die Teilnahme an der Revisionsverhandlung vermieden wird". Vgl. auch OLG Düsseldorf NJW 1956-436 f. mit ablehnender Anmerkung von Dahs.

[72] „Man muß ... hellhörig werden, wenn Richter den Verteidiger loben, mit dem sich ‚immer so gut arbeiten lasse' und der ‚keine Schwierigkeiten mache'"; Dahs 86.

[73] So weiß ein Amtsrichter aus der Praxis zu berichten: „Im allgemeinen

Ein guter Richter weiß den sachlich unbequemen Strafverteidiger zu schätzen, weil dadurch sein Verantwortungsbewußtsein für den Angeklagten geschärft wird. Je mehr tatsächliche und rechtliche Einwendungen der Anwalt vorbringt, je unerbittlicher er auf Beachtung der prozessualen Ordnung drängt, um so sicherer wird der verantwortungsbewußte Richter in seinem Urteil[74].

Ein Vorsitzender aber, der über wenig Selbstbewußtsein verfügt oder dem es an der notwendigen selbstkritischen Einstellung mangelt, wird immer versucht sein, einen Anwalt beizuordnen, von dem ihm bekannt ist, daß er sich opportun verhält, also Gericht und Staatsanwaltschaft nicht in der Weise gegenübertritt, wie dies im Interesse des Beschuldigten erforderlich wäre[75].

Das Gesetz, das dem Richter das Recht gibt, sich „seinen" Verteidiger nach persönlichem Gusto auszusuchen, begünstigt demnach die Auswahl des dem Gericht bequemen Anwalts[76]. Dies aber läßt sich nicht mit Funktion und Aufgaben der Verteidigung in einem rechtsstaatlichen Verfahren vereinbaren[77]; darum ist die gegenwärtige Regelung abzulehnen.

III. Zur Durchführung der Pflichtverteidigung

Untersucht man die Durchführung der Pflichtverteidigung in der Praxis, so finden sich auch hier genügend Anhaltspunkte, die — zusammengenommen — den Eindruck weiter verstärken, daß es im deutschen Strafverfahren Angeklagte „erster" und „zweiter Klasse" gibt.

1. Das Verhältnis des Pflichtverteidigers zum Gericht und zum Beschuldigten

Auch nach der am 1. November 1972 in Kraft getretenen Änderung der Bundesgebührenordnung für Rechtsanwälte bleibt die Honorierung

---

neigt der Vorsitzende dazu, einen Verteidiger beizuordnen, der sich ‚bewährt' hat. Unter Bewährung versteht er ‚keine Schwierigkeiten machen'"; Ostermeyer 29. Mit einiger Berechtigung kommt deshalb Dolph AnwBl 1972-68 zu dem Schluß: „Nicht auf das Vertrauen des Angeklagten muß es einem Pflichtverteidiger ... ankommen, sondern auf das Vertrauen des Gerichts."

[74] Ähnlich Dahs AnwBl 1959-14.
[75] Dies bestätigt Sarstedt JR 1957-471.
[76] Auch ein Strafverteidiger warnt aus der praktischen Erfahrung heraus: „Keinesfalls darf der Vorsitzende den ‚bequemen' Verteidiger vorziehen, der ihn nicht mit Anträgen, Erklärungen und Beanstandungen ‚stören' wird"; Dahs 65.
[77] Siehe in diesem Zusammenhang auch Serke in „Stern" Nr. 27/1972-140 ff. zu der Möglichkeit, gewählte Rechtsanwälte mit zweifelhaften Begründungen von der Verteidigung ihrer Mandanten auszuschließen, um mit Pflichtverteidigern bequemer verhandeln zu können.

der Pflichtverteidiger unzureichend. Dies hat auch der Bundestag bei der Beratung der Gesetzesvorlage zwar klar erkannt[78], daraus jedoch nicht die dringend gebotene Schlußfolgerung gezogen, nämlich die Gebühren des Pflichtverteidigers denen des Wahlverteidigers anzugleichen[79].

So steht beispielsweise dem Wahlverteidiger nach § 83 I Ziff. 3 BRAGebO im Verfahren vor dem Schöffengericht oder vor dem Amtsrichter bei einer Hauptverhandlung, die sich nicht über einen Kalendertag hinaus erstreckt, ein Gebührenrahmen zwischen 50 und 500 Mark zur Verfügung, abgesehen davon, daß auch die Vereinbarung eines höheren Pauschalhonorars möglich und zulässig ist. Dagegen erhält der gerichtlich bestellte Rechtsanwalt gemäß § 97 I BRAGebO lediglich das Vierfache des gesetzlich festgelegten Mindestbetrages, also 200 Mark[80].

Zwar läßt § 99 BRAGebO die Möglichkeit offen, in außergewöhnlich umfangreichen oder schwierigen Strafsachen dem Pflichtverteidiger für das ganze Verfahren oder für einzelne Teile des Verfahrens auf Antrag eine Pauschalvergütung zu bewilligen, die über die festen Gebühren des § 97 BRAGebO hinausgeht[81]; diese Regelung gilt jedoch nur für sog. „Monstreprozesse"[82].

Aufgrund der niedrigen Gebührensätze bleiben Pflichtmandate zumeist jenen Anwälten vorbehalten, die aus Mangel an eigenen Klienten auf diese zusätzliche Möglichkeit, ein ausreichendes Einkommen zu

---

[78] So erklärte der Abgeordnete Dürr vor dem Parlament: „Es war früher der Fall — und es wird auch in Zukunft so sein —, daß die Rechtsanwälte bei Pflichtverteidigungen Leistungen im Interesse der Rechtspflege erbringen, für die sie auch nach Verabschiedung dieses Gesetzes keine Entschädigung erhalten, die man als kostendeckend bezeichnen kann. Für Pflichtverteidigungen ... erhielten und erhalten die Anwälte nur einen Bruchteil der Gebühren, die sie verlangen könnten, wenn sie dieselbe Verteidigung im privaten Auftrag unternehmen würden." (BT-Prot. v. 22. 6. 1972, S. 11 470 C).

[79] Vgl. aber auch die Warnung des Abgeordneten Kleinert (BT-Prot. v. 22. 6.1972, S. 11 470 C).

[80] Ähnliches gilt für das Verfahren vor der Großen Strafkammer. Während dort der Wahlverteidiger zwischen 60 und 600 Mark oder einen zuvor vereinbarten darüber hinaus gehenden Betrag fordern kann, werden dem Pflichtverteidiger lediglich 240 Mark zugestanden. Erstreckt sich die Hauptverhandlung über einen Kalendertag hinaus, so kann der gewählte Verteidiger nach § 83 II Ziff. 2 BRAGebO für jeden weiteren Verhandlungstag zwischen 60 und 200 Mark oder einen zuvor verabredeten höheren Betrag in Rechnung stellen, der beigeordnete Verteidiger erhält hingegen grundsätzlich nur 100 Mark. Zu den Gebühren des Pflichtverteidigers im einzelnen — wenn auch noch nach dem bis zum 31. Oktober 1972 gültigen Stand — Gerold/Schmidt § 97 Rz. 6 ff.

[81] Allgemein hierzu Schmidt AnwBl 1972-69 ff.

[82] Gerold/Schmidt § 99 Rz. 5 zeigen anhand mehrerer Entscheidungen, wie eng die Rechtsprechung § 99 BRAGebO auslegt; vgl. aber auch Rz. 8. Recht aufschlußreich Hesselmann AnwBl 1971-282. Allgemein dazu Dahs 597 f.

III. 1. Pflichtverteidiger und Gericht bzw. Beschuldigter

finden, angewiesen sind[83]. Dies muß nicht unbedingt mit mangelnder fachlicher Qualifikation zusammenhängen. Oftmals handelt es sich dabei nämlich um durchaus befähigte junge Anwälte, die sich in den Jahren des Praxisaufbaus auf diese Weise erst einen Namen machen wollen[84]. Besonders in mittleren und größeren Städten ist auch der Konkurrenzdruck sehr stark[85]; viele Praxen — und dazu gehören nicht nur neu eröffnete — werfen kaum das Existenzminimum ab[86].

Die betroffenen Anwälte sind daher gezwungen, sich entweder einen anderen Beruf zu suchen oder zusätzliche Einkünfte als Armenanwalt und Pflichtverteidiger zu erzielen. Da sie jedoch aus der Staatskasse schlechter bezahlt werden als der gewählte Rechtsanwalt von seinem Auftraggeber, müssen sie zwangsläufig viele Mittellose zu gleicher Zeit verteidigen, um auf diese Weise ein gewisses Einkommen zu erreichen[87].

Durch die unzureichende Honorierung der Pflichtverteidiger delegiert der Staat unzulässigerweise eine ihm obliegende Fürsorgepflicht auf eine kleine Berufsgruppe, die Anwaltschaft. Indem unsere Rechtsordnung den Pflichtverteidiger als „eine Art Staubwischer der Gerechtigkeit" behandelt[88], diskriminiert sie zugleich den unbemittelten Beschuldigten, der sich einen Wahlverteidiger nicht leisten kann und demzufolge oft nur mangelhaft verteidigt wird[89].

---

[83] Siehe hierzu im einzelnen Günther AnwBl 1970-67; Dolph AnwBl 1972-68; Potrykus RdJ 1967-242; Ullrich RdJ 1968-335 f.; Dahs ZRP 1968-18.

[84] Bezeichnend für die Situation der Rat eines Strafverteidigers: „Besonders der jüngere Anwalt sollte danach streben, durch Pflichtverteidigungen Erfahrungen in Strafsachen zu sammeln und sich der Öffentlichkeit bekanntzumachen. Auch wenn die einzelne Sache ihm nicht sympathisch sein mag, so verschafft sie dem Anwalt doch vielfältige Kontakte zu Gericht, Staatsanwaltschaft, Zeugen und Sachverständigen sowie zum Publikum und zur Presse. Sie gibt ihm damit eine vorzügliche Gelegenheit zu erlaubter Werbung"; Dahs 64. Vgl. in diesem Zusammenhang auch Ostermeyer 29.

[85] So kommt die Zentralstelle für Arbeitsvermittlung der Bundesanstalt für Arbeit in einer Untersuchung der Situation der Juristen auf dem Arbeitsmarkt zu dem Schluß: „Junge Juristen, die versuchen, selbständig eine Rechtsanwaltspraxis aufzubauen, haben teilweise mit erheblichen Schwierigkeiten zu kämpfen"; ZAV „Analysen" Heft 5/1971-21.

[86] Der Horner Anwalt Johannes H. Husmann, Vorsitzender der Aktionsgemeinschaft der Deutschen Rechtsanwälte e. V., hat errechnet, daß sich 5 % aller Anwälte in 23 % des Gesamtumsatzes teilen. 34 % erzielen 50 % des Gesamtumsatzes. Aber die Masse der Anwälte, nämlich 61 %, muß sich nach dieser Berechnung mit 27 % des Gesamtumsatzes zufriedengeben.

[87] Dieser Existenzkampf hat in vielen Fällen bereits zu bedenklichen Auswüchsen geführt, die auf die Dauer nicht ohne Auswirkungen auf den geordneten Gang der Rechtspflege bleiben können. Vgl. dazu im einzelnen KG Berlin JR 1957-470; Sarstedt JR 1957-470; Dolph AnwBl 1972-68.

[88] So Müller-Meiningen jr. in der „Süddeutschen Zeitung" vom 15. Februar 1971.

[89] Dies betont mit Recht auch Dahs ZRP 1968-18.

Denn die unterdurchschnittliche Honorierung der Pflichtverteidiger berührt nicht nur die wirtschaftlichen Interessen der Anwälte, sondern läßt auch die staatliche Rechtsschutzgarantie für den Angeklagten illusorisch werden. „Die Gebührenordnung beschränkt mit dem Einkommen der Anwälte natürlich auch ihre Bereitwilligkeit zur besonderen Leistung", gibt denn auch der Vorsitzende der Aktionsgemeinschaft der Deutschen Rechtsanwälte e.V., Johannes H. Husmann, unumwunden zu[90].

In der Tat bleiben persönlicher Einsatz und forensischer Aufwand des Pflichtverteidigers nicht selten hinter dem Engagement des Wahlverteidigers für seinen Mandanten zurück[91]. Da zudem viele Pflichtverteidiger und Armenanwälte die niedrigen Gebührensätze dadurch wettzumachen versuchen, daß sie laufend mehr Mandate übernehmen, als sie arbeitsmäßig überhaupt bewältigen können, kann auch ihre Prozeßvorbereitung häufig nur sehr mangelhaft und oberflächlich sein[92].

So kann man immer wieder erleben, daß auch ein rechtzeitig bestellter Pflichtverteidiger seinen Mandanten zum erstenmal in der Hauptverhandlung zu Gesicht bekommt[93]. Und während der Vorsitzende den Eröffnungsbeschluß verliest, pflegt der Anwalt noch hastig in den Akten herumzublättern, um sich auf diese Weise in den Prozeßstoff „einzuarbeiten"[94].

Ein Anwalt, der aus wirtschaftlicher Not auf Pflichtverteidigungen angewiesen ist, wird aber bald auch dem Richter nicht mehr als unabhängiger und unerschrockener Beistand des Beschuldigten gegenübertreten können. Früher oder später muß ein solcher Verteidiger in einen inneren Konflikt geraten:

Einerseits soll er alle vorhandenen gesetzlichen Möglichkeiten ausschöpfen, um für seinen Mandanten ein möglichst niedriges Strafmaß oder einen Freispruch zu erwirken. Andererseits muß er oftmals darauf bedacht sein, sich durch eine allzu engagierte Verteidigung nicht die

---

[90] Vgl. „Der Spiegel" Nr. 7/1971-71. Siehe auch Potrykus RdJ 1967-242.

[91] Zu diesem Ergebnis kommt auch „Der Spiegel" Nr. 7/1971-71. Ähnlich Dolph AnwBl 1972-67, der dies mit dem „Gesetz der freien Marktwirtschaft", unter dem auch die Anwälte angetreten seien, erklärt: Wo nur die Hälfte bezahlt wird, besteht die Vermutung, daß sich auch die Gegenleistung auf die Hälfte des sonst Üblichen reduziert.

[92] In dieser Richtung auch Peters Fehlerquellen II 280. Zur zumutbaren Belastung des Pflichtverteidigers siehe OLG Frankfurt NJW 1972-1964 f.

[93] Ähnliches wissen Ullrich RdJ 1968-336 und Pfenninger 155 zu berichten. Nach OLG Hamburg MDR 1972-799 = AnwBl 1972-287 ist ein solches Verhalten des Pflichtverteidigers geeignet, einen Antrag des Angeklagten auf Ablösung des betreffenden Anwalts zu begründen.

[94] Sehr treffend und keineswegs wirklichkeitsfremd schildert Dolph AnwBl 1972-67 den Ablauf einer solchen „Verteidigung".

Gunst des Vorsitzenden zu verscherzen, weil er anderenfalls bei der Vergabe von Pflichtmandaten künftig nicht mehr in gleichem Umfange berücksichtigt werden könnte wie ein dem Gericht genehmerer und bequemerer Anwalt[95].

So wird er beispielsweise die Zahl seiner Beweisanträge nur sparsam dosieren, um nicht Prozeß-Fahrplan und Terminkalender des Vorsitzenden durcheinanderzubringen[96], der auf diese Verfahrensverzögerungen mit Verärgerung reagieren könnte, mögen die etwaigen neuen Erkenntnisse für den Beschuldigten auch noch so entlastend sein.

Auch sind zum Beispiel die Fälle nicht selten, in denen ein Anwalt sehr kurzfristig vor Beginn oder sogar erst im Verlaufe der Hauptverhandlung bestellt wird und dann auch — ohne jemals zuvor mit der Sache befaßt gewesen zu sein — sofort bereit ist, seine Tätigkeit aufzunehmen, obwohl er die Übernahme des Mandats ablehnen, zumindest aber eine Aussetzung der Verhandlung verlangen müßte[97].

Weder besteht bei derartigen Ad-hoc-Verteidigungen eine Vertrauensbasis zwischen Angeklagtem und Verteidiger noch ist in der Kürze der verbleibenden Zeit eine ausreichende Vorbereitung und damit eine sachgerechte Verteidigung überhaupt möglich[98]. Daß im Gerichtssaal oder im Justizgebäude anwesende Rechtsanwälte derart kurzfristig Pflichtverteidigungen übernehmen, kommt zu häufig vor, um als Zufall oder als bedauerliche Ausnahmeerscheinung abgetan werden zu können[99].

Es soll keineswegs bestritten werden, daß es auch weniger qualifizierte *Wahl*verteidiger gibt[100], ebenso wie man auch gute und engagierte

---

[95] Hierauf weist insbesondere Cramer 17 hin. Vgl. auch Dahs ZRP 1968-19: „Solches Schielen nach dem favor judicis ist mit unabhängiger Verteidigung unvereinbar." Ähnlich Dolph AnwBl 1972-67, der von Pflichtverteidigern spricht, „die aus Selbsterhaltungstrieb zu sachgerechter Verteidigung nicht mehr in der Lage sind".

[96] Siehe dazu namentlich Dolph AnwBl 1972-67.

[97] Dies fordert insbesondere Dahs 65 f.

[98] Allgemein dazu EbSchmidt Nachträge § 140 Rz. 7. Siehe auch das Beispiel aus dem Teufel/Langhans-Prozeß im Jahre 1968 bei Dolph AnwBl 1972-68.

[99] So sah sich die Rechtsanwaltskammer München im Juni 1960 zu folgender Mitteilung veranlaßt: „Dem Kammervorstand werden immer wieder Fälle bekannt, daß Kollegen Pflichtverteidigungen ... übernehmen, in denen am gleichen oder an einem der nächsten Tage die Hauptverhandlung stattfindet. Die Übernahme derartiger Pflichtverteidigungen widerspricht in aller Regel dem § 43 BRAO, wonach der Rechtsanwalt seinen Beruf gewissenhaft auszuüben hat, und dem Sinn und Zweck der notwendigen Verteidigung ... Ein Kollege, der eine Pflichtverteidigung derart kurzfristig übernimmt, verstößt daher in aller Regel gegen die Standespflicht ..." (Zitiert bei Günther AnwBl 1970-66).

[100] Dies hat auch Peters Fehlerquellen II 277 „im Wiederaufnahmematerial gelegentlich bestätigt" gefunden. Mit einigem Recht kann deshalb Ostermeyer

Pflichtverteidiger findet. Die aufgezeigte Misere ist denn auch weniger ein individuelles als vielmehr ein soziales Problem, begründet vorwiegend im Selbstverständnis der Anwälte über ihre Funktion in der Rechtspflege, die sie weniger in der Rechtsberatung als vielmehr hauptsächlich in der prozessualen Tätigkeit vor Gericht sehen[101]. Folgerichtig verstehen sie sich denn auch nicht zuerst und vor allem als Wahrer einseitiger Interessen und Angehörige eines freien Berufes, sondern als „Organ der Rechtspflege", wie es in § 1 BRAO heißt.

Obwohl letztlich finanziell von ihrer Klientel abhängig, orientieren sich die Anwälte in der Mehrzahl mithin stärker an der übergeordneten Autorität des staatlichen Justizapparates als an den Interessen und Problemen ihrer Mandanten[102]. Dieses Selbstverständnis der deutschen Anwälte bildet auch den Schlüssel zum Verständnis der aufgezeigten Mißstände im Verhältnis des Pflichtverteidigers zum Gericht und zum Beschuldigten.

Solange der Rechtsanwalt als Wahlverteidiger fungiert, ist „Arbeitgeber" sein Mandant. Von diesem erhält er sein Honorar; ihm gegenüber fühlt er sich wenigstens bis zu einem gewissen Grade moralisch verpflichtet, ihn in bestmöglicher Weise zu verteidigen. Andere — meistens unbewußte — Mechanismen werden nicht relevant und treten in den Hintergrund.

Als Pflichtverteidiger wird der Anwalt aber in der Mehrzahl der Fälle weder vom Angeklagten benannt noch von ihm bezahlt. Dies macht es ihm leichter, sich wieder mit seiner Rolle als Prozeßvertreter, als „Organ der Rechtspflege" zu identifizieren. Weder hat der Anwalt in einem solchen Fall eine äußere Veranlassung noch spürt er gar eine innere Verpflichtung, sich nach besten Kräften für seinen Mandanten einzusetzen. Dies geschieht dann aber zwangsläufig auf dem Rücken des Angeklagten, der damit „verraten statt verteidigt wird"[103].

Solange deshalb die gegenwärtige Form der strikten Trennung von Wahl- und Pflichtverteidigung nicht durchbrochen wird, läßt sich eine Gleichstellung des finanziell unterprivilegierten mit dem bemittelten Angeklagten nicht erreichen[104].

---

29 behaupten: „Längst nicht jeder gewählte Verteidiger ist ein vollwertiger Verteidiger."
[101] Das ist seit Kaupen 201 anerkannt.
[102] Ebenso Kaupen 201 ff.; ders. RuP 1970-113.
[103] Dahs 66.
[104] Zu diesem Schluß kommt auch Peters Fehlerquellen II 280 als Ergebnis seiner detaillierten Untersuchungen.

2. Das Verhältnis des Beschuldigten zum Gericht

Die Chancen des „armen" Angeklagten, sich vor Gericht in bestmöglicher Weise zu verteidigen, werden häufig schon von vornherein dadurch geschmälert, daß er in Unkenntnis darüber bleibt, welche prozessualen Rechte ihm zustehen. Lückenhafte Aufklärung und unzureichende Belehrung verwehren es ihm nicht selten, seine schon gegenwärtig vorhandenen Verteidigungsmöglichkeiten in vollem Umfang auszuschöpfen.

So gibt es z. B. keine Instanz, die darüber wacht, daß der Beschuldigte in den Fällen der §§ 117 IV, 350 III StPO auch tatsächlich, rechtzeitig und umfassend über sein Antragsrecht auf Beiordnung eines Verteidigers belehrt wird, obwohl in der Praxis die Fälle nicht selten sind, in denen dem Angeklagten lediglich ein unverständliches Formular oder ein allgemein gehaltener Hinweis zugestellt wird[105].

Auch gibt es keine Kontrollinstanz, die im Falle des § 117 IV dafür sorgt, daß der Untersuchungshäftling genau nach drei Monaten und nicht erst nach vier, fünf oder sechs Monaten über sein Antragsrecht belehrt wird.

Auch kümmert sich niemand darum, ob der beigeordnete Anwalt auch tatsächlich Verbindung mit dem Beschuldigten aufnimmt und sich ggf. mit dem gebotenen Nachdruck für dessen Haftentlassung einsetzt. In der Praxis sind jedenfalls die Fälle nicht selten, in denen dem Angeklagten zwar ein Verteidiger bestellt wird, dieser aber in der folgenden Zeit von sich weder etwas sehen noch hören läßt[106], so daß der Untersuchungshäftling bis zum Beginn der Hauptverhandlung praktisch ohne rechtlichen Beistand bleibt[107].

Bei § 140 II StPO hat der Gesetzgeber eine Pflicht zur Belehrung über das Antragsrecht vollends für entbehrlich gehalten. Zwar sind in diesem Fall die Voraussetzungen der notwendigen Verteidigung auch von Amts wegen zu prüfen, doch bietet diese Vorschrift noch keine Gewähr dafür, daß der Vorsitzende eine solche Prüfung auch tatsächlich und unter Berücksichtigung der besonderen Kriterien des Einzelfalles durchführt.

Aufgabe des Staates ist es, diese Beschuldigten, die sich bis auf wenige Ausnahmen aus einer bildungsmäßig unterprivilegierten Schicht rekrutieren[108], umfassend und in einer leicht verständlichen Sprache über ihre Rechte im Strafverfahren aufzuklären[109].

---

[105] Vgl. Seibert DRiZ 1956-152; BGH NJW 1954-1087 f.; BGH NJW 1954-1211 = MDR 1954-495.
[106] Siehe hierzu den Fall bei BGH GA 1968-85.
[107] Siehe dazu die Entscheidung OLG Hamburg MDR 1972-799 = AnwBl 1972-287.
[108] Vgl. Stackelberg AnwBl 1959-198.
[109] Siehe hierzu auch die erfreulich weitgehenden Vorschläge des Strafrechtsausschusses der Bundesrechtsanwaltskammer (zitiert bei Krattinger 285).

Eine der unerfreulichsten Auswirkungen des geltenden Rechts betrifft die nur in beschränktem Maße mögliche Einflußnahme des Beschuldigten auf Beiordnung und Ablösung eines bestimmten Pflichtverteidigers.

Zwar hat der Vorsitzende bei der Auswahl des Verteidigers schon gegenwärtig nach übereinstimmender Auffassung von Lehre und Rechtsprechung einen bestimmten Wunsch des Angeklagten zu respektieren[110]. Doch im Einzelfall kann der Beschuldigte nur hoffen, daß der Vorsitzende den von ihm benannten Anwalt auch tatsächlich als Pflichtverteidiger akzeptiert[111].

Aus diesem Grunde sollte im Gesetz ein Anspruch des Beschuldigten auf Bestellung eines von ihm ausgewählten Rechtsanwalts seines Vertrauens förmlich verankert werden, wobei das Gericht an einen entsprechenden Vorschlag des Angeklagten gebunden sein müßte. Die Beiordnung sollte nur in solchen Fällen ausgeschlossen sein, in denen der benannte Anwalt die Übernahme der Verteidigung ablehnt oder in denen sich der Wunsch des Beschuldigten als Mißbrauch der Pflichtverteidigung darstellt, also z. B. der Aufwand in keinem Verhältnis zur Sache steht.

So würde etwa die Beiordnung eines weiter entfernt wohnenden Verteidigers ausnahmsweise nur dann in Betracht kommen, wenn in einem besonders gelagerten Fall die Mitwirkung gerade dieses Anwalts im Vergleich zu ortsansässigen Verteidigern eine adäquatere Vertretung der Interessen des Angeklagten erwarten ließe.

Bei der gegenwärtigen Praxis wird es der Beschuldigte aber vielfach als Farce, als abgekartetes Spiel empfinden, schiebt man ihm einen Verteidiger zu, den er nicht kennt und den er in der Abhängigkeit des Gerichts vermutet, während man ihm den Anwalt seines Vertrauens vorenthält[112]. Auf diese Weise wird die Gleichstellung mit dem Bemittelten verhindert[113].

Ähnlich verhält es sich, wenn der Angeklagte die Rücknahme der Bestellung seines Pflichtverteidigers erreichen will, weil er dessen Eignung und Fähigkeit anzweifelt oder weil das Vertrauensverhältnis aus anderen Gründen[114] gestört ist[115].

---

[110] Dahs 64; KMR § 142 Anm. 2; Kleinknecht § 142 Anm. 2; OLG Hamburg MDR 1972-799 = AnwBl 1972-287.
[111] Kritisch hierzu R. Schmid 42 f.; Dahs ZRP 1968-18.
[112] Ebenso Cramer 21.
[113] So auch R. Schmid 43.
[114] Ein solcher Grund wird z. B. immer dann vorliegen, wenn der Vorsitzende den bisherigen Wahlverteidiger des Beschuldigten, dem dieser das Mandat entzogen hat, anschließend sogleich zum Pflichtverteidiger bestellt, um auf diese Weise eine Aussetzung des Verfahrens zu vermeiden.
[115] Vgl. dazu die erfreulich weitgehende Entscheidung des OLG Hamburg MDR 1972-799 = AnwBl 1972-287.

Auch hier sollte dem Beschuldigten ein gesetzlich verbürgtes Ablehnungsrecht zugebilligt werden, wobei selbstverständlich Sicherungen gegen den Mißbrauch dieses Rechts eingebaut werden müßten. Eine Ablehnung sollte niemals ohne Angabe von Gründen erfolgen dürfen. Auch müßte sie unzulässig sein, wenn sie offensichtlich nur zu dem Zweck geschieht, das Verfahren zu verschleppen.

2. Abschnitt

Möglichkeiten für eine Reform

Die kritische Untersuchung hat deutlich gemacht, daß die Klagen der Anwaltschaft über zu niedrige Gebühren für Pflichtverteidigungen nur einen Teilaspekt — und nicht einmal den wichtigsten — der Gesamtproblematik betreffen. Hauptleidtragende des gegenwärtigen Zustandes sind nämlich nicht die unterbezahlten Anwälte, sondern die mittellosen Angeklagten, die sich gegen ihre ungleiche und ungerechte Behandlung nicht zur Wehr setzen können.

Die Vorschriften über die notwendige Verteidigung verstoßen gegen elementare Grundsätze unseres Verfassungsrechts; ihre Anwendung führt in der Praxis vielfach zu einer unerträglichen Diskriminierung des wirtschaftlich unterprivilegierten Beschuldigten.

Diese Ungleichbehandlung kann kaum wesentlich durch bloße Wandlungen in der Interpretation der Gesetzestexte überwunden werden. Um dem im Grundgesetz fixierten Gleichheitsgrundsatz sowie dem Rechts- und Sozialstaatsprinzip sowohl im kodifizierten Recht als auch in der Praxis des Strafverfahrens Geltung zu verschaffen, ist daher eine grundlegende und umfassende gesetzliche Neuregelung erforderlich.

I. Reformmodelle

Für eine Reform der notwendigen Verteidigung im Strafverfahren stehen drei mögliche Modelle zur Diskussion.

1. Die freiwillige Verteidigung mit Gewährung eines Armenrechts

Bei diesem Modell liegt die Entscheidung darüber, ob im Verfahren ein Verteidiger mitwirkt oder nicht, allein beim Angeklagten; auf den Unrechtsgehalt des ihm zur Last gelegten Delikts kommt es nicht an. Deshalb darf ihm gegen seinen Willen unter keinen Umständen ein Anwalt bestellt werden.

Ähnlich wie im Zivilrecht kann der Beschuldigte aber einen Antrag auf Gewährung des Armenrechts stellen, indem er nachweist, daß er in schlechten wirtschaftlichen Verhältnissen lebt. Wird seinem Antrag entsprochen, so kann er einen Verteidiger wählen bzw. sich einen solchen beiordnen lassen; für die Kosten kommt dann die Staatskasse auf.

2. Die obligatorische Verteidigung

Bei Verwirklichung dieses Modells muß der Angeklagte — ungeachtet welcher Straftat er beschuldigt wird — immer einen Verteidiger haben[116]. Wählt er deshalb nicht von sich aus einen Anwalt, so wird ihm ein solcher beigeordnet.

Der Staat übernimmt die Zahlung des Honorars für den Pflichtverteidiger, wenn der Angeklagte nachweist, daß er aufgrund seiner schlechten Einkommens- und Vermögensverhältnisse die Kosten hierfür nicht aufbringen kann.

3. Die grundsätzlich freiwillige und teilweise obligatorische Verteidigung

Dieses Modell differenziert nach dem Unrechtsgehalt der dem Angeklagten zur Last gelegten Tat im Einzelfall. Wird er einer strafbaren Handlung beschuldigt, deren Unrechtsgehalt so gering ist, daß eine Strafverfolgung nicht im öffentlichen Interesse liegt, so ist es ihm freigestellt, ob er einen Verteidiger in Anspruch nimmt oder nicht.

In Fällen dagegen, in denen wegen des großen Unrechtsgehalts der Tat die öffentliche Klage geboten ist, wird dem Beschuldigten, der nicht schon von sich aus einen Verteidiger gewählt hat, ein solcher beigeordnet.

Erbringt der Angeklagte den Nachweis, daß er über die erforderlichen Mittel nicht verfügt, so trägt die Staatskasse die Kosten für den Pflichtverteidiger.

II. Eigene Stellungnahme

Um die Vor- und Nachteile der drei skizzierten Reformmodelle abwägen zu können, ist es vorab erforderlich, die spezifische Funktion der notwendigen Verteidigung und der Pflichtverteidigung unter Berücksichtigung der gegenwärtigen kriminalpolitischen Situation zu untersuchen. Dazu ist jedoch zunächst zu klären, welche Bedeutung der Verteidigung im Strafverfahren zukommt.

1. Zu den Aufgaben und Formen der Verteidigung

„Verteidigung ist Kampf. Kampf um die Rechte des Beschuldigten im Widerstreit mit den Organen des Staates, die dem Auftrag zur Verfolgung von Straftaten zu genügen haben[117]."

---

[116] Dies fordern u. a. Baumann 90; Haferland 10; H. Schmidt 17; Dahs ZRP 1968-18; Stackelberg AnwBl 1959-198; Schmidt-Leichner NJW 1965-1310; früher schon Dohna 68; Jagemann/Brauer 58; Kreitmair 11, 17.

[117] Dahs 5. Vgl. auch ders. AnwBl 1959-173 ff. Graßberger 287.

Aus diesem Spannungsfeld leiten sich die beiden Funktionen des Verteidigers als Mitglied der Rechtspflege[118] her: Zum einen ist er berufen, über die Gesetzlichkeit des Verfahrens zu wachen, zum anderen hat er die Aufgabe, alle den Beschuldigten entlastenden Umstände zur Geltung zu bringen[119].

Durch die Verteilung der Prozeßfunktionen der Anklage, der Verteidigung und des Urteilens auf verschiedene Personen wird der Prozeß der Wahrheitsfindung dialektisch ausgestaltet und sichert auf diese Weise am besten das Ziel des Strafverfahrens: ein gerechtes Urteil[120].

Art. 1 I GG gilt uneingeschränkt auch für den einer Straftat Verdächtigen[121]; die Achtung der Würde des Menschen läßt es nicht zu, den Beschuldigten zum bloßen Objekt staatlicher Inquisition zu erniedrigen. Eine Verurteilung ist nur dann zulässig, wenn sich das Gericht auf rechtsstaatlichem Wege, d. h. auf verfahrensrechtlich erlaubte Weise, von der Täterschaft und Schuld des Angeklagten zu überzeugen vermag[122], selbst wenn als Ergebnis der strikten Anwendung dieses Grundsatzes ein in Wirklichkeit schuldiger Täter freigesprochen werden muß[123].

Der Beschuldigte selbst ist jedoch in der Regel schon aus Mangel an Sachverstand nicht in der Lage, über die Rechtsstaatlichkeit des Verfahrens zu wachen[124]. Daher ist es Aufgabe des Verteidigers, im Interesse und zugunsten des Beschuldigten alles geltend zu machen, was dem rechtsstaatlichen Zustandekommen einer richterlichen Überzeugung von Täterschaft und Schuld entgegensteht[125]; dabei hat er einseitig für den Beschuldigten Stellung zu nehmen[126].

---

[118] Die Stellung des Verteidigers im Strafverfahren ist umstritten. Jedenfalls paßt seine Einordnung als „Organ der Rechtspflege" (so die überwiegende Meinung im Anschluß an § 1 BRAO) nicht in ein von den wesentlichen Prinzipien des Grundgesetzes getragenes strafprozessuales Gesamtgefüge. Dies weist namentlich Cramer 1 ff. mit überzeugender Begründung nach.

[119] Siehe zum Ganzen Dünnebier in Löwe-R I Vorbem. 4 b zu § 137; Beling 148; Dohna 67; Hippel 293; Henkel 203 ff.; Dahs AnwBl 1959-173 ff.; Stackelberg AnwBl 1959-190 ff.; Haferland 5 ff.; Lindenberg 46 ff.; Seibert JR 1951-337 ff.

[120] Ebenso Dahs 8; ders. AnwBl 1959-174.

[121] So mit aller Entschiedenheit BGH NJW 1954-649.

[122] EbSchmidt MDR 1951-6; ebenso BGH NJW 1954-649, betreffend die Anwendung eines Polygraphen (Lügendetektors) zur Herbeiführung eines Geständnisses.

[123] Dem Prozeßrecht kann also u. U. auch dann der Vorrang gebühren, wenn es im Widerspruch zum materiellen Recht steht; Geerds Kriminalität 23; ausführlich ders. SchlHA 1964-57 ff. Vgl. auch Graßberger 287 f.

[124] Im einzelnen hierzu Haferland 7 f.; Stackelberg AnwBl 1959-198.

[125] EbSchmidt LK II Vorbem. 7 zu § 137.

[126] EbSchmidt MDR 1951-6; früher schon Liszt DJZ 1901-180; Alexander ZStW Bd. 51 (1931)-59, 62. Keinesfalls ist der Verteidiger also Gehilfe des Gerichts, wie dies z. B. während des NS-Regimes vorherrschende Auffassung

II. 1. Zu den Aufgaben und Formen der Verteidigung

§ 160 II StPO könnte zu der Annahme verleiten, für die Interessen des Beschuldigten sei durch die Staatsanwaltschaft hinreichend gesorgt. Eine solche Betrachtungsweise würde jedoch die psychologischen Gefahren verkennen, die sich für die Arbeit der Staatsanwaltschaft aus ihrer tatsächlichen Stellung im Strafverfahren ergeben[127].

Die eigentliche Aufgabe der Staatsanwaltschaft ist die Strafverfolgung, d. h. den Täter einer Straftat zu ermitteln, ausreichendes Beweismaterial zu seiner Überprüfung zusammenzutragen und dann gegen ihn Anklage zu erheben[128].

Von ihrer Aufgabenstellung her ist die Staatsanwaltschaft also ein Organ der Exekutive und damit ein Gegner des Verdächtigen; dies muß sich aber zwangsläufig auch auf die Unbefangenheit ihres Urteils auswirken[129]. Trotz ihrer Verpflichtung aus § 160 II wird sie häufig die entlastenden Umstände nicht mit der gleichen Unvoreingenommenheit und Sachlichkeit berücksichtigen wie die belastenden[130]. Überhaupt wird sie eher geneigt sein, die Beweiskraft ihres Belastungsmaterials zu überschätzen und darüber die Suche nach entlastenden Momenten zu vernachlässigen[131].

Hinzu kommt, daß die Staatsanwaltschaft nur in Ausnahmefällen eigene Nachforschungen anstellt[132]; die praktische Ermittlungsarbeit hat sich im Laufe der Zeit immer stärker auf die Polizei — also ebenfalls ein Organ der Exekutive — verlagert[133].

---

war. Sehr anfechtbar deshalb auch RGSt 77-155, wo es in lapidarer Kürze heißt: „Aufgabe des Verteidigers ist es, dazu mitzuwirken, daß ein gerechtes Urteil gefunden wird." Mit Recht weist EbSchmidt LK II Vorbem. 8 zu § 137 darauf hin, daß der Verteidiger u. U. gezwungen sein kann, zwecks Wahrung und Sicherung der Rechtsstaatlichkeit des Verfahrens ein Urteil zu verhindern, das der Wahrheit und materiellen Gerechtigkeit entsprechen würde. Siehe zum Ganzen auch Beling 150; Ackermann NJW 1954-1385 ff.; Stackelberg AnwBl 1959-196.

[127] Siehe hierzu im einzelnen Brangsch NJW 1951-59 ff.; Lindenberg 42 ff.; Ostermeyer 23 ff.; Baumann 18; früher schon Dohna 67.

[128] Siehe zum Ganzen Pfenninger 145; Haferland 8 f.

[129] In gleichem Sinne Hirschberg Fehlurteil 99 f.; Pfenninger 145.

[130] Vgl. Krattinger 49.

[131] Ähnlich Dohna 67. Beispiele für Fehlurteile, die auf diesen Umstand zurückzuführen sind, finden sich in großer Zahl vor allem bei Hirschberg Fehlurteil; Arnau; Peters Untersuchungen; ders. Fehlerquellen I und II.

[132] Eine sofortige Unterrichtung der Staatsanwaltschaft über eine begangene Straftat erfolgt in aller Regel nur bei Kapitalverbrechen. Lediglich in diesen Fällen besteht also für die Anklagebehörde tatsächlich die Möglichkeit, sich frühzeitig in die Ermittlungen einzuschalten; siehe hierzu im einzelnen Peters Fehlerquellen II 214 ff. Vgl. auch Baumann 73.

[133] Dazu Baumann 73; Ostler JR 1959-123; vgl. auch Dahs ZRP 1968-19; Bader NJW 1949-738.

Durch die Erhebung der öffentlichen Klage macht die Staatsanwaltschaft zudem deutlich, daß nach ihrer Überzeugung der Betroffene hinreichend verdächtig erscheint, die ihm zur Last gelegte Straftat begangen zu haben[134]. Es ist nicht auszuschließen, daß die Staatsanwaltschaft bis zu einem gewissen Grade bestrebt ist, den einmal geäußerten Verdacht und die von ihr verantwortete Ermittlungsarbeit durch eine Verurteilung des Beschuldigten anerkannt und bestätigt zu sehen[135].

Auch die Verpflichtung des Gerichts, von Amts wegen alles zu tun, was zur Erforschung der Wahrheit erforderlich ist, garantiert nicht schon von vornherein, daß alle den Beschuldigten entlastenden Umstände voll zur Geltung kommen und ein gerechtes Urteil gefunden wird[136]. Die Urteilsfindung ist kein streng logischer, objektiver Prozeß, sondern ein komplexer Vorgang, den die verschiedensten Kräfte — rationale wie irrationale — beeinflussen[137].

Nicht die Erkenntnis der objektiven Wahrheit ist das Fundament, auf dem das Urteil beruht, sondern die subjektive „richterliche Überzeugung" als Ergebnis der „freien Beweiswürdigung"[138].

Auch die Strafzumessung ist das Resultat „einer nicht aufzulösenden Mischung von rationalen und irrationalen Elementen, Gründen und Motiven"[139]. Denn jeder Bestrafung geht eine Beurteilung der Schuld des Angeklagten voraus. Jede Feststellung über die Strafwürdigkeit einer Tat und das Maß individueller Schuld ist aber im Grunde ein moralisches Werturteil, das nicht auf wissenschaftlicher Grundlage, sondern nur

---

[134] In gleichem Sinne Cohnitz 2. Vgl. auch Ostermeyer 27: „Es soll... nicht verschwiegen werden, daß die Staatsanwälte manchmal zur Forschheit im Erheben von Anklagen ermuntert werden: Ein Staatsanwalt, dessen Anklagen nicht mit einem bestimmten Prozentsatz von Freisprüchen enden, gilt als zu vorsichtig." Dagegen wiederum Janetzke DRiZ 1972-132 unter Hinweis auf Ziffer 104 RiStV, wonach leichtfertig erhobene Anklagen das Ansehen der Strafrechtspflege gefährden.

[135] So auch Dahs AnwBl 1959-18; H. Schmidt 10; früher schon Dohna 67.

[136] Dies belegt im einzelnen anhand umfangreichen dokumentarischen Materials Peters Fehlerquellen II 222 ff.

[137] Das zeigen Rasehorn in Böhme 1 ff.; R. Schmid in Böhme 31 ff.; Würtenberger in Böhme 57 ff. überzeugend auf. Sehr eindrucksvoll auch die Beispiele für den Einfluß irrationaler Elemente auf die richterliche Urteilstätigkeit bei Bendix 284 ff.; R. Schmid Einwände 102 ff., 193 ff. In diesem Zusammenhang sei auch auf die grundlegenden Arbeiten von Opp/Peuckert und Weimar hingewiesen.

[138] Vgl. BGHSt 10-208 ff. Allgemein dazu Geerds SchlHA 1964-64 f.; ders. SchlHA 1962-187. Sehr engagiert gegen die „Freiheit der Beweiswürdigung" Ostermeyer 64 ff. Auch Hirschberg Fehlurteil 125 beklagt mit Recht, daß die Strafjustiz noch nicht zur exakten wissenschaftlichen Beweiswürdigung gefunden hat. Siehe zum Ganzen auch Bendix 207 ff., ferner 94 ff., 284 ff.

[139] R. Schmid Einwände 97.

II. 1. Zu den Aufgaben und Formen der Verteidigung 105

intuitiv oder emotional zu gewinnen ist und demnach irrationale Bestandteile enthält[140].

Aufgabe des Verteidigers ist es, dem Richter den Einfluß dieser indirekten Mechanismen[141] auf seine Urteilstätigkeit in jeder Phase der Verhandlung so weit wie möglich am konkreten Beispiel zu verdeutlichen und damit zu neutralisieren[142]. Hat sich der Richter mit Hilfe des Verteidigers seine Abhängigkeit von jenen unbewußten irrationalen Kräften erst einmal bewußt gemacht, ist häufig auch schon der erste und wichtigste Schritt zu rationalen Entscheidungen getan[143].

Nicht selten verlangen die besonderen Umstände vom Verteidiger, möglichst frühzeitig auf die Aufhellung soziopsychischer Sachverhalte mit soziologischen und psychologischen Mitteln hinzuwirken. Vielfach sind Richter aus ihrer konservativen Grundhaltung heraus nicht bereit, von sich aus etwas zu unternehmen, um Klarheit über die einer bestimmten Handlung zugrundeliegenden individuellen Motivationen und sozialen Bedingtheiten zu schaffen[144]. Stattdessen findet man häufig — als Ergebnis mangelnder Informiertheit — nur schablonenhafte Verallgemeinerungen und Allerweltstheorien wie „Dem Angeklagten ist die Tat zuzutrauen" oder „Täter vom Schlage des Angeklagten können nur mit empfindlichen Strafen beeindruckt werden".

Das enge Verhältnis zwischen Gericht und Staatsanwaltschaft, bei dem Rollenunterschiede oft von beiden Seiten verwischt werden, birgt zwangsläufig die Gefahr in sich, daß das Gericht den Behauptungen und Schlußfolgerungen, die die Staatsanwaltschaft ihrer Anklage zugrundelegt, nicht immer in dem Maße kritisch gegenübersteht, wie dies im Interesse des Beschuldigten erforderlich wäre[145].

---

[140] Hierauf weisen insbesondere hin R. Schmid Einwände 98; Wassermann 73; Middendorff 87 ff.

[141] Dazu gehören z. B. auch der Gesundheitszustand des Richters, seine Stimmungslage, eine eventuelle Übermüdung u. ä.

[142] Ob allerdings auch nur eine nennenswerte Minderheit der Anwälte aufgrund ihres Selbstverständnisses hierzu gegenwärtig überhaupt in der Lage ist, muß nach dem oben Gesagten bezweifelt werden.

[143] Im einzelnen hierzu Hirschberg Fehlurteil 132 ff.; Peters 42; EbSchmidt Justiz 15; R. Schmid in Böhme 47, 53; Friesenhahn DRiZ 1969-174 und in anderem Zusammenhang Wassermann RuP 1969-90.

[144] Diese Abneigung resultiert daraus, daß sich der deutsche Jurist in erster Linie als „Hüter von Recht und Ordnung" (Kaupen), d. h. als Bewahrer und Verteidiger der bestehenden Verhältnisse versteht. Da die modernen Wissenschaften — allen voran die Psychoanalyse und die soziologische Ideologiekritik — diese Verhältnisse zur Diskussion stellen, indem sie ihre Strukturen freilegen und damit das alte Welt- und Menschenbild, auf das sie sich gründen, anzweifeln, fühlt der konservative Richter den Zwang, sich vor ihnen verschließen zu müssen, will er seine nicht mehr unumstrittene Position auch weiterhin behaupten. Siehe zum Ganzen Ostermeyer 30 ff. Vgl. auch Friesenhahn DRiZ 1969-173.

[145] Diese Schlußfolgerung zieht auch H. Schmidt 12.

Dem inhaftierten Beschuldigten ist es verwehrt, eigene Nachforschungen anzustellen und entlastende Beweise beizubringen[146]. Aber auch dann, wenn sich der Beschuldigte auf freiem Fuß befindet, hat er — im Gegensatz zum Verteidiger — kein Recht auf Akteneinsicht, so daß ihm in den meisten Fällen die genaue Kenntnis des gegen ihn vorliegenden Belastungsmaterials fehlt[147].

Deshalb verlangt die Kontrollfunktion des Verteidigers von ihm eine kritische Beurteilung des bisherigen Beweisergebnisses und die Aufdeckung etwa vorhandener Lücken in der Beweiskette[148].

Seine Entlastungsfunktion ist doppelter Art: Die mittelbare Entlastung ist auf die Erschütterung bereits aufgenommener Beweise gerichtet; der unmittelbare Entlastungsbeweis bezieht sich auf die Beibringung neuer bisher noch nicht untersuchter Tatsachen, aus denen sich zwingend der Schluß ergibt, daß der Sachverhalt anders liegt als von den Strafverfolgungsbehörden angenommen[149].

Freilich sind dem Verteidiger hinsichtlich der Beschaffung von Entlastungsmaterial Grenzen gesetzt[150]. Zum einen verfügt er aufgrund der noch immer zu einseitig ausgerichteten juristischen Ausbildung in der Regel weder über nennenswerte Kenntnisse der Kriminologie noch solche der Kriminalistik[151]. Er ist also schon wegen seines fehlenden Spezialwissens den Experten der Strafverfolgungsbehörden zumeist unterlegen, geschweige denn, daß er ihnen Versäumnisse oder gar Fehler bei der Sachverhaltsaufklärung nachweisen kann.

Zum anderen verfügt der Verteidiger — im Gegensatz zur Staatsanwaltschaft — weder über prozessuale Zwangsbefugnisse (z. B. bei der Durchsuchung, Untersuchung, Beschlagnahme) noch steht ihm der ganze Ermittlungsapparat der Polizeibehörden zur Verfügung. Er hat auch ge-

---

[146] Zutreffend betont von Haferland 8; Kreitmair 10.
[147] Dies hebt namentlich Krattinger 336 hervor.
[148] Der Verteidiger muß sich mit den Angaben des Beschuldigten auseinandersetzen; er muß die Zuverlässigkeit der Zeugen überprüfen, und er hat etwaige Fehlschlüsse in den vorhandenen Gutachten aufzudecken. Von Bedeutung ist z. B. auch die Prüfung belastender Urkunden auf ihre Echtheit. Durch eine eigene Tatortbesichtigung muß er ggf. feststellen, ob vorhandene Skizzen mit den tatsächlichen Verhältnissen übereinstimmen. Siehe hierzu im einzelnen Peters Fehlerquellen II 266 ff.
[149] Dieser Gegenbeweis kann erfolgen durch Darlegung neuer selbständiger Tatsachen, den Beweis von Rechtfertigungs-, Entschuldigungs- und Strafbefreiungsgründen sowie durch Tatsachen, aus denen sich die Schuldunfähigkeit des Angeklagten ergibt. Ausführlich dazu wiederum Peters Fehlerquellen II 266 ff. Vgl. auch Kern/Roxin 88 f.
[150] Kritisch hierzu auch Peters Fehlerquellen II 267; Baumann 31.
[151] Dieses Problem ist so alt wie der Beruf des Rechtsanwalts. Schon vor rund 130 Jahren beklagte Zachariae 147 (Fußnote 2), „daß es vielen Advokaten ganz an der nötigen kriminalistischen Ausbildung gebricht".

genüber öffentlichen Ämtern kein Recht auf Auskunft (so wie es die Staatsanwaltschaft nach § 161 StPO für sich in Anspruch nehmen kann) und ist von der Mitwirkung im Vorverfahren weitgehend ausgeschlossen.

Daß unter diesen Umständen die Forderung nach einem „fair trial", d. h. Herstellung der in einem Rechtsstaat unerläßlichen Gleichheit der Ausgangspositionen zwischen den Organen des Staates auf der einen Seite und dem von vornherein unterlegenen Angeklagten auf der anderen Seite, bis heute oftmals leider nur Fiktion bleibt, liegt auf der Hand[152].

2. Spezifische Funktion und Bedeutung der notwendigen Verteidigung und der Pflichtverteidigung

Da jedes Strafverfahren im Einklang mit den Normen des Grundgesetzes und somit auch unter Beachtung des Rechts- und Sozialstaatsprinzips durchzuführen ist, ergeben sich hieraus naturgemäß auch Konsequenzen für die Verteidigung. § 137 I StPO erklärt lediglich die Verteidigung im allgemeinen für zulässig; zur Konkretisierung des Verfassungsauftrags bedarf es daher weiterer detaillierter Regelungen, um diesen Grundsätzen auch in der Praxis Geltung zu verschaffen.

Das Rechtsstaatsprinzip verlangt ein „fair trial"; dazu gehört auch, daß der Beschuldigte jedenfalls in den Fällen über einen qualifizierten Rechtsbeistand verfügt, in denen die Staatsanwaltschaft am Verfahren mitwirkt. Denn wenn der Staat im Prozeß durch einen Anwalt in der Person des öffentlichen Anklägers vertreten ist, dann müssen — um „Waffengleichheit" herzustellen — auch die Interessen der Gegenseite, also des Angeklagten, durch einen Rechtsbeistand wahrgenommen werden.

Ob sich der Beschuldigte der Hilfe eines Verteidigers bedient oder nicht, kann somit grundsätzlich nicht in seinem persönlichen Ermessen stehen. Dies gilt auch für solche Fälle, in denen er die Sachlage verkennt oder von seiner Unschuld fest überzeugt ist und aus diesem Grunde eine Verurteilung gar nicht für möglich und die Zuziehung eines Verteidigers daher für überflüssig hält.

Denn in jedem Strafverfahren geht es nicht nur um individuelle Rechte des einzelnen Angeklagten, sondern um die Interessen der Gesamtheit aller Bürger an Rechtsstaatlichkeit und Rechtssicherheit. Die Gemeinschaft hat ein Interesse daran, daß Urteile, die in ihrem Namen verkündet und vollstreckt werden, nur aufgrund eines gerechten Verfahrens zustandekommen.

---

[152] In dieser Richtung auch Hirschberg Fehlurteil 100 ff.; ders. 5 f.; Baumann 18.

Ist der Beschuldigte daher von sich aus nicht bereit oder in der Lage, einen Anwalt mit seiner Verteidigung zu beauftragen, so ist ihm daher zumindest in den Fällen, in denen die Staatsanwaltschaft am Verfahren mitwirkt, ein Verteidiger zu bestellen, um eine Gleichheit der Ausgangspositionen und damit die Durchführung eines rechtsstaatlichen Verfahrens zu gewährleisten.

Ausgenommen hiervon muß lediglich das Strafbefehlsverfahren (§§ 407 ff. StPO) bleiben, da hierbei die damit bezweckte Vereinfachung und Beschleunigung des Verfahrens im Vordergrund steht. Zudem hat der Beschuldigte die Möglichkeit, durch rechtzeitigen Einspruch gegen den Strafbefehl die Durchführung einer Hauptverhandlung zu bewirken (§ 411 StPO).

Rechtsstaatlichkeit allein reicht allerdings nicht aus, um den Anspruch eines Staatswesens zu rechtfertigen, eine Demokratie zu sein. Vielmehr ist der Staat erst dann demokratisch, wenn er zugleich auch sozial ist[153]. Der Grundsatz der Sozialstaatlichkeit wiederum beruht auf der Erkenntnis, daß die Grundrechte durch vielfältige materielle und psychische Hemmungen und Benachteiligungen bei einem großen Teil des Volkes gar nicht effektiv werden[154].

Für den Staat ergibt sich daraus die Verpflichtung, durch eine Stärkung der Position des Schwächeren, also eine ungleich wirkende Maßnahme[155], eine Lage herzustellen, in der für diesen die Grundrechte „erst beginnen"[156].

Dies bedeutet für das Strafverfahren: Ist der Angeklagte aufgrund seiner Einkommensverhältnisse nicht in der Lage, einen Anwalt aus eigenen Mitteln zu bezahlen, so hat im Falle einer notwendigen Verteidigung der Staat in Erfüllung seiner Fürsorgepflicht die Kosten für die Honorierung eines Verteidigers zu übernehmen.

Notwendige Verteidigung und Pflichtverteidigung dürfen also nicht als Gewährung staatlicher Caritas verstanden werden, sondern sie müssen Ausdruck der Verpflichtung des Staates zu rechtsstaatlichem und sozialem Handeln sein.

Die notwendige Verteidigung hat sicherzustellen, daß der Angeklagte über das formelle Recht auf Verteidigung hinaus auch tatsächlich — abgesehen von Bagatelldelikten — über einen möglichst qualifizierten Rechtsbeistand verfügt. Die Pflichtverteidigung hat zu gewährleisten, daß

---

[153] So mit der gebotenen Deutlichkeit R. Schmid 117.

[154] R. Schmid 118.

[155] Der Gleichheitsgrundsatz gebietet nicht egalitäre Gleichmacherei, sondern relative Gleichbehandlung; es wird nicht jedem dasselbe, sondern jedermann das Seine gegeben; Geerds in Engisch 414.

[156] Ebenso R. Schmid 118.

der sozial schwache Angeklagte dem Bemittelten hinsichtlich der Verteidigung gleichgestellt ist und nicht als Bürger minderen Rechts behandelt wird.

3. Konsequenzen der gegenwärtigen Situation des Strafrechts für die notwendige Verteidigung im Strafprozeß

Will man Umfang und Grenzen der notwendigen Verteidigung und damit naturgemäß auch der Pflichtverteidigung in einer zukünftigen gesetzlichen Regelung neu bestimmen, so darf dies nicht aus einer abstrakten und isolierten Betrachtungsweise heraus geschehen; vielmehr ist dabei die gegenwärtige kriminalpolitische Situation zu berücksichtigen. Dies gilt um so mehr, als der Wirkungsbereich des Prozeßrechts niemals ohne das materielle Strafrecht beurteilt werden kann[157].

Denn trotz seiner festgelegten eigenständigen Position wird das Prozeßrecht seinem Inhalt nach durch das Strafrecht begrenzt und ausgefüllt[158]. Strafrecht und Strafverfahrensrecht stehen also zueinander in einem wechselseitigen Verhältnis der notwendigen und gleichrangigen Ergänzung[159].

Anders als etwa im Zivilrecht wird in der Kriminalrechtspflege das Strafrecht ausschließlich im Prozeß und im Strafvollzug durchgesetzt[160]. Gerade bei der Verwirklichung kriminalpolitischer Ziele aber kann das dynamische, das Strafrecht erst zur Anwendung bringende Prozeßrecht im Gegensatz zum materiellen Recht, das ja statisch ist, wertvolle Dienste leisten[161].

Damit kann nicht nur im Einzelfall dem Gedanken der Individualgerechtigkeit zum Durchbruch verholfen werden[162], sondern das Prozeß-

---

[157] Letzteres wiederum darf nicht ohne die korrespondierende Kriminologie gesehen werden; vgl. Geerds Kriminalität 27. Allgemeiner Leferenz Kriminologie 6.

[158] So ist z. B. zum Ausfüllen des an sich abstrakten Begriffs des Tatverdachts das Leitbild eines Straftatbestandes unerläßlich. Ohne prozessuale Kriterien können aber weder das Vorliegen noch die Intensität des Tatverdachts hinreichend bestimmt werden. Ausführlich zum Ganzen Geerds SchlHA 1964-57 ff. m. w. N. Vgl. auch ders. Kriminalität 23; Peters Kraft 7; Dombois 74; Gänger (Einleitung, ohne Seitenzahl).

[159] Siehe zum Folgenden ausführlich Kircher 110 ff. Vgl. auch Henkel 17; Beling 94; Baumann 16.

[160] So Peters im Anschluß an Mayer GS Bd. 104 (1934)-311 ff. Vgl. vor allem Peters Kraft 7 und — zur Parallelität von Prozeß- und Sachentscheidung — ders. ZStW Bd. 68 (1956)-374 ff. Siehe auch Dombois 74; EbSchmidt LK I 46 und zum Ganzen Geerds Kriminalität 24; Schmidhäuser 511 ff.; Baumann 11.

[161] Dies betont mit Recht auch Kircher 112.

[162] Dieser Gedankengang findet sich durchgängig in den Arbeiten von Peters. Vgl. im einzelnen Peters ZStW Bd. 68 (1956)-398; ders. Gerechtigkeit 191; ders. Begrenzung 499. Siehe dazu auch ausführlich Geerds SchlHA 1964-59.

recht kann unter bestimmten Umständen auch zu einem Regulativ des Strafrechts werden, wenn sich dort bedenkliche Entwicklungen bemerkbar machen, denen vorerst auf anderem Wege nicht Einhalt geboten werden kann. Denn der Inhalt formal unbeschränkter materieller Normen kann im Sinne einer teleologischen Reduktion auf ihre spezifischen Aufgaben begrenzt werden.

Weil das Strafprozeßrecht konkreter ist als das Strafrecht, vermag es letztlich den strafbaren Bereich als solchen zu begrenzen und damit materiellrechtliche Funktionen wahrzunehmen. Anders als im Strafrecht möglich, bewirkt der Gleichheitssatz, daß der Gerechtigkeitsgedanke individuelle Bedeutung gewinnt, indem einerseits die im Einzelfall nicht strafwürdigen Verstöße ausgeschieden werden und andererseits der gegenüber den strafwürdigen Fällen notwendige Gesellschaftsschutz an der richtigen Stelle einsetzt[163].

Die moderne Industrie- und Leistungsgesellschaft benötigt ein ihrer Struktur angemessenes Kriminalrecht. Dazu ist es erforderlich, die Abgrenzung zwischen Erlaubtem und Verbotenem und hierbei wiederum zwischen strafwürdigen und nicht strafwürdigen Verstößen neu zu überdenken. Besonders problematisch ist in diesem Zusammenhang die gegenwärtige kriminalrechtliche Erfassung einer Vielzahl privater Schadensdelikte[164].

Geht man davon aus, daß nur die für den Bestand von Staat und Gesellschaft sowie für das individuelle Dasein des Menschen als unerträglich geltenden Handlungen kriminalrechtlich erfaßt und eventuell einer Reaktion unterworfen werden sollen[165], so muß der schon seit längerem bestehende Hang zu einer übermäßigen Anwendung des Strafrechts bei der Durchsetzung vorwiegend privater Interessen[166] Anlaß zur Sorge geben[167].

Obwohl das Strafrecht lediglich als ultima ratio eine Hilfe zur Gewährleistung des sozialen Schutzes sein soll[168], wobei Lücken bewußt in

---

[163] Zu diesem Ergebnis kommt auch Kircher 193.

[164] Die Justiz droht allmählich in einem Meer von Bagatellkriminalität im Bereiche des Eigentums- und Vermögensrechts zu ertrinken, weil jeder kleine Diebstahl verfolgt werden muß, während Verstöße gegen das Wirtschaftsrecht, die die Gesellschaft in ungleich höherem Maße schädigen, als bloße Ordnungswidrigkeiten behandelt werden; Wassermann in „Frankfurter Rundschau" vom 28. Dezember 1972.

[165] In diesem Sinne auch Kircher 112. Allgemein dazu Bauer 132.

[166] Vgl. die statistischen Angaben bei Mayer Bestimmtheit 259 ff.

[167] Kritisch hierzu auch Geerds SchlHA 1962-189; Berra 97.

[168] So ganz zutreffend Geerds Staatsgewalt 25. In gleichem Sinne spricht auch Roxin JuS 1966-382 von der subsidiären Natur des Strafrechts. Vgl. auch Wiethölter 94; Worm 76; Bauer 10, 12, 132.

II. 3. Gegenwärtige Situation des Strafrechts

Kauf genommen werden[169], ist auch für die Zukunft eine ausufernde Tendenz zu befürchten, die ihren Ursprung in den Interessen und Motiven der Rechtspflege des frühen 19. Jahrhunderts hat[170].

In einer „von Thron und Altar zusammengehaltenen bürgerlichen Besitz- und Bildungsgesellschaft"[171] war das Strafrecht funktional auch Garant des lückenlosen Rechtsgüterschutzes einer privilegierten Schar Vermögender[172]. Folgerichtig wurde denn auch eine Vielzahl privater Schadensdelikte pönalisiert; bis heute wird das Strafrecht immer wieder zur Durchsetzung privater Interessen — vor allem im Bereich der Vermögensdelikte — mißbraucht[173].

Ein modernes Strafrecht darf aber nicht auf den Ergebnissen historischer Zufälligkeiten beruhen, sondern hat sich an den kriminalpolitischen Erfordernissen der Gegenwart zu orientieren[174]. Dies macht es notwendig, ein neues Verständnis von der Funktion des Strafrechts in der modernen Industrie- und Leistungsgesellschaft zu entwickeln[175].

Das Strafrecht der Zukunft hat eine soziale Ordnungsfunktion[176] zu erfüllen, die Konfliktsituationen bewußt nicht ausschließt, also nicht die „Ordnung und Ruhe eines Friedhofs"[177] bezwecken will; die dadurch entstehenden Strafbarkeitslücken muß die Gesellschaft verkraften können[178].

Dies bedingt jedoch eine Revision des hinter dem Gesetz stehenden Rechtsgütersystems[179], wobei der Begriff des Rechtsgutes[180] unter Be-

---

[169] Ausführlich hierzu Geerds in Engisch 419 ff.

[170] Ebenso Kircher 113. Dazu im einzelnen Mayer Reform 59 ff.; Hippel 110; Abegg 55.

[171] Wiethölter 78.

[172] Als Instrumente zur Verwirklichung dieser „Klassenjustiz" wurden das Anklagemonopol und das Legalitätsprinzip für die Staatsanwaltschaft sowie der Bestrafungszwang für die Gerichte geschaffen. Allgemein dazu Geerds SchlHA 1962-185 f.; Kaupen RuP 1970-114.

[173] Hierzu im einzelnen Geerds SchlHA 1962-189; vgl. auch Berra 95 ff.

[174] Mit Recht hebt Wiethölter 78 hervor, die heutige Rechtslehre sei ohne Wirklichkeitsgegenstand, ohne brauchbare Methodik, ohne diskutierbaren Ausweis der Ziele, Maßstäbe und Mittel, vor allem in der Gesetzgebung und Rechtspolitik. Siehe dazu auch Würtenberger Kriminalpolitik 27; Maihofer 16.

[175] Dabei kann das Recht aber auch niemals über der Sozialstruktur stehen. So Lenin 99; in ähnlichem Sinne für das Strafrecht Abendroth 56 (These II).

[176] Dazu auch Würtenberger SchwZStR Bd. 75 (1959)-42 ff. von der „sozialen Gerechtigkeit" her.

[177] Geerds Staatsgewalt 19.

[178] Siehe dazu Jescheck 1 ff.; Welzel 5 f.; ausführlicher Würtenberger Kriminalpolitik 202; Maihofer 27 ff. Ähnlich Wiethölter 94 im Hinblick auf politische Prozesse. Vgl. auch Lenin 99, der das Recht an sich als Sozialregulator für die marxistische Staatsauffassung weitgehend bejaht. In dieser Richtung auch Abendroth 56 (These I), 60 (These IX).

[179] Dazu eingehend Würtenberger Situation 67 ff.

achtung der sozialen Wirklichkeit neu gefaßt werden muß[181]. Denn teilweise haben die in den Tatbeständen des heutigen positiven Rechts geschützten Rechtsgüter längst jeden Bezug zur sozialen Realität verloren[182].

Das strafrechtsdogmatische Denken trägt nicht der dynamischen Natur der Gesellschaftsstruktur Rechnung, sondern weist eher statisch geprägte spekulative Züge auf[183]. Dadurch wird die Übernahme von Begriffen aus der Ethik, die den Anspruch auf Allgemeingültigkeit erheben, ins Strafrecht konserviert[184].

Die dadurch bedingte Ausuferung des Strafrechts verschafft dem Staat ein omnipotentes Machtinstrument[185]. Die staatliche Strafgewalt enthüllt in diesem Zusammenhang ihre eigentliche repressive Funktion: Nur allzu häufig ist sie lediglich das Korrektiv für die Konsequenzen einer unzulänglichen Gesellschaftspolitik, die sich nicht an der konkreten sozialen Wirklichkeit orientiert[186].

Materiellrechtlich läßt sich eine Begrenzung des Strafrechts nur dann erreichen, wenn einige klar umrissene Tatbestände geschaffen werden[187]. Das in diesem Zusammenhang weniger oder kaum beachtete Prozeßrecht ist aufgrund seiner andersartigen Struktur besonders geeignet, die fließenden und unscharfen Grenzen mit neuen Konturen zu versehen. Auf prozessualem Wege kann das Strafrecht dadurch begrenzt

---

[180] Nach heute h. L. versteht man darunter ein (materielles und immaterielles) Lebensgut des Einzelnen oder der Allgemeinheit, das zu seinem Schutz einer Rechtsnorm, verbunden mit einer Strafdrohung, bedarf; dieses muß jedoch nicht immer mit dem Tat- oder Handlungsobjekt identisch sein. Eingehend zu dieser Problematik m. w. N. Jescheck 5 f.; Mayer 52; Welzel 4. Vgl. auch — im Hinblick auf metaphysische Leitbilder — Wiethölter 86 ff.; Abendroth 59 (These VIII).

[181] Das Rechtsgut selbst ist nur ein Hilfsbegriff, der eine bestimmte vorgegebene Aufgabe erfüllt.

[182] Lediglich Kriminologie und Ansätze moderner Strafrechtstheorie wagen den Durchbruch zur Wirklichkeit; Würtenberger Situation 31.

[183] Vgl. Würtenberger Situation 8; siehe auch Kaiser MoKrim 1968-2.

[184] Es widerspricht z. B. der sozialen Ordnungsfunktion des Strafrechts, es als „Zensurstelle für Moralfragen" zu benutzen. So Geerds Staatsgewalt 26. Ähnlich Roxin JuS 1966-382.

[185] Hierzu Schiffer 55.

[186] So zutreffend und in aller Deutlichkeit Kaupen 219. Vgl. auch Kircher 115, der mit Recht beklagt, daß die Strafzone heute ein Bereich ist, den man fast unmerklich betritt, obwohl eine deutlich sichtbare Schranke vorhanden sein müßte. In dieser Richtung auch Berra 97, der zu dem Schluß kommt, daß sich diese Entwicklung zum Nachteil der ärmeren Schichten auswirkt, denen es an Intelligenz, Geschick und Einfluß mangelt, wohingegen gesellschaftlich Höherstehende es mit größerer Wendigkeit zu verhindern wissen, daß ihnen die Straftat nachgewiesen werden kann.

[187] Ebenso Kircher 115.

werden, daß das gegenwärtige strafrechtliche Institut der Privatklage durch eine erweiterte Zivilklage mit Sanktionswirkung ersetzt wird[188].

Hiervon betroffen wären in erster Linie die in § 374 I StPO aufgeführten Privatklagedelikte. Zu denken ist aber auch an bestimmte Begehungsweisen bei anderen widerrechtlichen Handlungen, die gegenwärtig noch unter Strafe stehen, jedoch nur eine verminderte kriminelle Intensität aufweisen, z. B. beim einfachen Diebstahl (§ 242 StGB) und beim schweren Diebstahl (§§ 243, 244), bei der Unterschlagung (§ 246), beim unbefugten Gebrauch von Kraftfahrzeugen (§ 248 b), beim Betrug (§ 263), beim Automatenmißbrauch und bei der Erschleichung freien Eintritts (§ 265 a) sowie bei der Untreue (§ 266 StGB).

Wer eine angebrachte Maßnahme letztlich verhängt, ist zweitrangig. Daher ist es auch nicht notwendig, jede widerrechtliche Handlung ausschließlich ins Strafrecht zu verlegen[189]. Wo es eine zivilrechtliche „Sanktion" gibt und wo sie genügt, die Folgen der Tat zu beseitigen, braucht das Strafrecht nicht mehr einzugreifen[190]. Diesem Ziel haben sich alle Änderungen der Strafprozeßordnung unterzuordnen.

Auch die drei oben skizzierten Reformmodelle sind deshalb daraufhin zu untersuchen, ob und inwieweit sie geeignet sind, in der gegenwärtigen kriminalpolitischen Situation der ausufernden Tendenz des Strafrechts entgegenzuwirken.

Die freiwillige Verteidigung mit Gewährung eines Armenrechts wäre insofern bedenklich, als man es damit grundsätzlich in das Ermessen des Beschuldigten stellen würde, ob er sich verteidigen läßt oder nicht.

Im Strafverfahren stehen jedoch nicht nur die individuellen Rechte des einzelnen Angeklagten auf dem Spiel, sondern das Interesse der Gesamtheit aller Bürger an Rechtsstaatlichkeit und Rechtssicherheit[191]. Die Gemeinschaft hat ein unverzichtbares Recht darauf, daß Urteile, die in ihrem Namen verkündet und vollstreckt werden, nur aufgrund eines gerechten Verfahrens zustandekommen.

Damit unvereinbar wäre es aber, dem Beschuldigten selbst in Fällen, in denen ihm ein schweres Delikt zur Last gelegt wird, schon von vornherein die Möglichkeit einzuräumen, auf einen Verteidiger zu verzich-

---

[188] Diese Möglichkeit hat namentlich Kircher insb. 162 ff. sowohl unter kriminalistischen als auch unter den korrespondierenden strafrechtlichen und kriminologischen Gesichtspunkten eingehend untersucht.
[189] Das Stigma der sozialen Gefährlichkeit und die soziale Diskriminierung, die mit der staatlichen Kriminalstrafe verbunden sind, können nur dort in Kauf genommen werden, wo der Täter in besonders hohem Maße das Gemeinschaftsleben gestört hat; dies betont auch Kircher 183.
[190] So mit überzeugender Begründung Kircher 169 f.
[191] Vgl. dazu Pfenninger 149.

ten[192]; allein auf sich gestellt, wäre er nahezu schutzlos der Justizmaschinerie ausgeliefert.

Die freiwillige Verteidigung mit Gewährung eines Armenrechts ist daher abzulehnen.

Hingegen entspricht das Modell der obligatorischen Verteidigung auf den ersten Blick am besten dem Interesse des Angeklagten und der Allgemeinheit an einem rechtsstaatlichen Verfahren.

Eine Verwirklichung dieses Modells würde jedoch darauf hinauslaufen, die Mitwirkung eines Verteidigers auch dann für erforderlich zu erklären, wenn der Angeklagte einer strafbaren Handlung beschuldigt wird, die aufgrund ihrer geringen kriminellen Intensität in einem modernen Strafrecht staatlicher Sanktionen nicht mehr bedarf, sondern Gegenstand privater Schadensersatzansprüche, ggf. einer erweiterten Zivilklage, sein sollte.

Eine obligatorische Verteidigung würde alle Bemühungen, Vorschriften mit überwiegend zivilrechtlichem Charakter aus dem Strafgesetzbuch zu eliminieren, für unabsehbare Zeit zur Erfolglosigkeit verurteilen. Dafür würde nicht zuletzt auch eine rührige Anwaltslobby sorgen, die nicht um ihre einträglichen Pfründe gebracht werden möchte.

Denn einen beträchtlichen Teil der Strafverfahren machen gegenwärtig eben jene widerrechtlichen Handlungen aus, denen überwiegend zivilrechtliche Verhältnisse zugrundeliegen. Wäre die Mitwirkung eines Verteidigers an jedem Strafverfahren erst einmal zwingend vorgeschrieben, so würden bei einer Entkriminalisierung privater Schadensdelikte viele Anwälte ihrer wirtschaftlichen Existenzgrundlage beraubt.

Folglich ist zu vermuten, daß die Anwaltschaft dadurch, daß sie ständig Druck auf den Gesetzgeber ausübt, jede sinnvolle Strafrechtsreform schon im Ansatz vereiteln würde. Nicht auszuschließen ist, daß es dann noch nicht einmal beim gegenwärtigen Status quo bliebe, sondern durch eine weitere extensive Auslegung der vorhandenen Tatbestände der strafbare Bereich zusätzlich ausgedehnt, die Entwicklung also in Richtung auf einen Status quo minus gefördert würde[193].

Die Einführung der obligatorischen Verteidigung kann also erst dann in Betracht kommen, wenn unser veraltetes Strafrecht den Erfordernissen der bestehenden Sozialstruktur angepaßt worden ist, also darauf verzichtet, den privaten Rechtsgüterschutz strafrechtlich zu sanktionieren

---

[192] In dieser Richtung auch Pfenninger 149.

[193] Diese Tendenz ist schon seit längerem unverkennbar zu beobachten. Siehe dazu vor allem Geerds Staatsgewalt 26; Würtenberger Situation 67 ff.; Mayer Bestimmtheit 260, 269; Schlotheim MoKrim 1967-6; früher schon Hartung JW 1930-2502. Vgl. auch die Beispiele bei Seibert NJW 1956-1466; Koch MDR 1964-650.

und in erster Linie soziale Ordnungsfunktionen sowie den Schutz sozial anerkannter individueller Rechtsgüter wahrnimmt.

4. Die grundsätzlich freiwillige und teilweise obligatorische Verteidigung als Konsequenz der gegenwärtigen Situation des Strafrechts

In der gegenwärtigen kriminalpolitischen Situation bietet sich somit die grundsätzlich freiwillige und teilweise obligatorische Verteidigung als einzig sinnvolles Reformmodell an. Indes bedarf dieses oben skizzierte Modell noch etlicher Modifizierungen und Ergänzungen, um in der Praxis zu befriedigenden Ergebnissen zu führen.

Unerläßlich ist es zunächst, die notwendige Verteidigung im Jugendgerichtsverfahren getrennt vom Erwachsenenstrafverfahren zu behandeln. Zum einen sind Jugendliche und Heranwachsende aufgrund ihrer geistigen Entwicklung noch viel weniger als Erwachsene dazu imstande, sich selbst wirksam zu verteidigen; zumeist treten sie dem Richter in völliger Unkenntnis von Gesetz, Verfahren und Bedeutung des strafprozessualen Vorgangs gegenüber[194].

Zum anderen tritt im Jugendverfahren die Sühnefunktion der Strafe in den Hintergrund; von entscheidender Bedeutung für die weitere Entwicklung des Jugendlichen ist vielmehr, ob die für ihn am besten geeignete erzieherische Maßnahme gefunden wird[195].

Diese beiden Gesichtspunkte treffen auf jedes Jugendstrafverfahren zu; auf die Schwere des Delikts, das dem Jugendlichen zur Last gelegt wird, kann es dabei nicht ankommen[196]. Auf die Mitwirkung eines Verteidigers kann deshalb im Jugendverfahren nur dann verzichtet werden, wenn schon von vornherein eine Einstellung des Verfahrens nach § 45 oder § 47 JGG beabsichtigt ist oder wenn das Verfahren allein darauf hinausläuft, die dem Beschuldigten zur Last gelegte Straftat mit der Erziehungsmaßregel der Weisung oder mit den Zuchtmitteln der Verwarnung bzw. der Auferlegung besonderer Pflichten zu ahnden; ansonsten muß die Verteidigung stets obligatorisch sein.

Allerdings muß davor gewarnt werden, die Erwartungen hinsichtlich der positiven Auswirkungen einer solchen obligatorischen Verteidigung zu hoch zu schrauben.

Nur wenige Anwälte sind mit den besonderen Problemen, die ein Strafverfahren gegen Jugendliche und Heranwachsende gewöhnlich mit

---

[194] Zutreffend Pfenninger 159.
[195] So auch Cohnitz 12; Grethlein/Brunner § 68 Anm. 2 a.
[196] Entschieden abzulehnen deshalb Reiche SchlHA 1965-225.

sich bringt, hinreichend vertraut. Meist verfügen sie — wenn überhaupt — nur über lückenhafte Kenntnisse in Pädagogik und Jugendpsychologie. Vor allem aber fehlt ihnen in der Regel die nötige Erfahrung im Umgang mit sozial gefährdeten Jugendlichen.

Aus diesem Grunde können sie die erzieherischen, sozialen und fürsorgerischen Gesichtspunkte im Verfahren nicht immer in der gebotenen Klarheit und Ausführlichkeit zur Geltung bringen. Insbesondere sind sie nur selten in der Lage, das Gericht bei der Erforschung der Persönlichkeit, Entwicklung und Umwelt des Beschuldigten zu unterstützen und sich zu den erzieherischen Maßnahmen, die eventuell ergriffen werden müssen, mit Sachkenntnis zu äußern.

Man wird sich deshalb davor hüten müssen, das Jugendverfahren dem Strafprozeß gegen Erwachsene anzugleichen. Vielmehr bleibt die Beteiligung der Jugendgerichtshilfe[197] auch weiterhin von entscheidender Bedeutung.

Im Erwachsenenstrafrecht ist dagegen die Notwendigkeit der Verteidigung abhängig zu machen vom Unrechtsgehalt und damit auch den drohenden Rechtsfolgen der Straftat, die dem Beschuldigten zur Last gelegt wird. Auf diese Weise würde auch den Bemühungen nicht entgegengewirkt, das Strafrecht auf materiellem und prozessualem Wege zu begrenzen.

Handelt es sich um eine widerrechtliche Handlung, die nur eine verminderte kriminelle Intensität aufweist, so steht es im Belieben des Angeklagten, ob er sich der Hilfe eines Verteidigers bedient oder nicht. In allen anderen Fällen ist die Verteidigung obligatorisch.

Die Mitwirkung eines Verteidigers am Verfahren ist auch dann erforderlich, wenn es sich bei der betreffenden strafbaren Handlung zwar an und für sich um ein Privatklagedelikt handelt, die Staatsanwaltschaft aber wegen der Nachhaltigkeit der Rechtsgutverletzung das öffentliche Interesse bejaht und aus diesem Grunde die öffentliche Klage erhoben hat[198].

Keine Anwendung finden die Vorschriften über die notwendige Verteidigung somit in der Hauptverhandlung im Strafbefehlsverfahren, da diese nicht auf Betreiben der Staatsanwaltschaft, sondern aufgrund des Einspruchs des Beschuldigten zustandekommt.

Sowohl für das Jugendgerichtsverfahren als auch für das Erwachsenenstrafverfahren ist auf lange Sicht eine Angleichung der Pflichtverteidigung an die Wahlverteidigung anzustreben[199].

---

[197] Vgl. insbesondere § 38 JGG.
[198] In dieser Richtung früher schon Binding 199 f. Ähnlich Pfenninger 149 für den schweizerischen Strafprozeß. Vgl. auch Kraschutzki 113 ff.
[199] Ebenso Peters Fehlerquellen II 280.

II. 4. Freiwillige und teilweise obligatorische Verteidigung

Die Feststellung, daß ein Fall notwendiger Verteidigung vorliegt, hat grundsätzlich durch das Gericht als Ganzes zu erfolgen, es sei denn, für die Entscheidung ist ein auch mit Schöffen besetztes Gericht außerhalb der Hauptverhandlung zuständig. Dann entscheiden der Vorsitzende (Schöffengericht, kleine Strafkammer) bzw. die drei Richter (große Strafkammer) ohne Mitwirkung der Schöffen.

Grundsätzlich hat der mittellose Beschuldigte in einem Fall notwendiger Verteidigung das Recht, einen von ihm ausgewählten Anwalt seines Vertrauens vorzuschlagen und braucht sich nicht einen Verteidiger beiordnen zu lassen, an dessen Eignung und Fähigkeit er u. U. zweifelt. Allerdings ist es in diesem Zusammenhang erforderlich, ausreichende Sicherungen gegen einen eventuellen Mißbrauch der Pflichtverteidigung einzubauen.

So muß die Beiordnung eines vom Angeklagten benannten Verteidigers beispielsweise immer dann ausgeschlossen sein, wenn der in Aussicht genommene Anwalt die Übernahme der Verteidigung ablehnt oder wenn der Wunsch des Beschuldigten einen Aufwand erfordert, der in keinem Verhältnis zur Sache steht. Dies wird immer dann der Fall sein, wenn die Wahl eines weit entfernt wohnenden Anwalts eine sachgerechtere Vertretung der Interessen des Angeklagten im Vergleich zu ortsansässigen Verteidigern nicht erwarten läßt.

Hat das Gericht die Beiordnung eines Verteidigers beschlossen, so muß die Benennung des konkret zu bestellenden Anwalts durch eine unabhängige Institution erfolgen, sofern der Beschuldigte von seinem Vorschlagsrecht keinen Gebrauch gemacht hat oder die Bestellung des von ihm gewünschten Anwalts endgültig abgelehnt worden ist.

Als Modelle für eine Neuregelung bieten sich sowohl die vornehmlich in Kalifornien arbeitenden staatlichen Verteidigerbüros als auch die in einigen schweizerischen Kantonen bestehenden öffentlichen Verteidigungsämter an[200].

Auf die Verhältnisse in der Bundesrepublik Deutschland übertragen, könnte eine Regelung etwa in folgender Weise getroffen werden: Jede Rechtsanwaltskammer richtet in staatlichem Auftrag ein „Amt für Pflichtverteidigung" ein. Das Amt ist für organisatorische Fragen zuständig; ihm obliegt hauptsächlich die Aufsicht über die Durchführung der Verteidigung. Die mit Pflichtverteidigungen beauftragten Anwälte arbeiten selbständig und unabhängig von staatlichen Weisungen.

Im Prinzip bleiben nach wie vor alle Anwälte zur Übernahme von Pflichtverteidigungen verpflichtet. Sache der Ämter ist es, jeweils für

---

[200] Einzelheiten über diese Organisationsformen zum Zwecke der Verteidigung mittelloser Angeklagter finden sich im 3. Teil der vorliegenden Arbeit.

einen bestimmten Zeitraum im voraus in Absprache mit den Anwälten „Quoten" für die Zuteilung von Pflichtverteidigungen festzusetzen. Dabei sind die Wünsche der an der Übernahme von Pflichtmandaten interessierten Anwälte soweit wie möglich zu berücksichtigen. Grundsätzlich können also Anwälte, die über genügend eigene Klienten verfügen, sparsamer bedacht werden als solche Kollegen, die durch ihre private Praxis weniger stark ausgelastet sind.

Bei der Auswahl eines Pflichtverteidigers ist vorrangig seine spezielle Befähigung für den Einzelfall zu berücksichtigen. So wird es möglich, in besonders schwierig gelagerten Fällen auch ansonsten gutverdienende „Staranwälte" als Spezialisten zu verpflichten, deren Honorarforderungen für den normalen Sterblichen gewöhnlich kaum erfüllbar sind.

Der Angeklagte hat in jedem Zeitpunkt des Verfahrens das Recht, den ihm beigeordneten Anwalt unter Angabe von Gründen abzulehnen; dies gilt auch dann, wenn der Pflichtverteidiger zuvor von ihm benannt worden ist.

Ist der Angeklagte mittellos, so übernimmt der Staat die Zahlung des Pflichtverteidigerhonorars. In diesem Falle erhält der Anwalt aus der Staatskasse eine Gebühr in Höhe des Sechsfachen der gesetzlich festgelegten Mindestbeträge; dies entspricht etwa der sog. Mittelgebühr, die der Wahlverteidiger in der Regel von seinem Mandanten verlangt[201].

Der Pflichtverteidiger hat auch das Recht, für die ihm voraussichtlich entstehenden Gebühren und Auslagen einen angemessenen Vorschuß aus der Staatskasse zu verlangen, wenn ihm — insbesondere wegen der zu erwartenden langen Dauer des Verfahrens — nicht zugemutet werden kann, die Zahlung bis zur Beendigung der Hauptverhandlung abzuwarten.

Mit einer solchen Regelung wird eine Angleichung der Honorare aller Strafverteidiger erreicht, unabhängig davon, ob sie vom Angeklagten oder aus der Staatskasse bezahlt werden[202]. Nur dadurch kann gewähr-

---

[201] Dies befürwortet im Grundsatz auch Peters Fehlerquellen II 280. Im übrigen bleibt es hinsichtlich der Honorierung des Pflichtverteidigers bei der gegenwärtigen Regelung: Ist also der Angeklagte nicht mittellos oder kann er einen entsprechenden Nachweis nicht führen, so kann der gerichtlich bestellte Rechtsanwalt von ihm die Gebühren eines gewählten Verteidigers verlangen. Hat die Staatskasse bereits an den Pflichtverteidiger vorgeleistet, so kann sie gegen den Beschuldigten Regreß nehmen; darüber hinaus bleibt der bemittelte Angeklagte dem Anwalt zur Zahlung eines etwaigen Differenzbetrages zwischen Pflichtverteidiger- und Wahlverteidigerhonorar verpflichtet.

[202] Einen gewissen Präzedenzfall hat der Gesetzgeber bereits auf dem Gebiete der Sozialgerichtsbarkeit geschaffen: Der für die Vertretung vor dem Bundessozialgericht als Armenanwalt beigeordnete Rechtsanwalt erhält für diese Tätigkeit die gleichen Gebühren wie ein gewählter Anwalt. In bestimm-

II. 5. Zu einer zukünftigen gesetzlichen Regelung

leistet werden, daß der staatlich honorierte Verteidiger sich zur Vorbereitung einer Strafsache die gleiche Zeit nehmen kann, wie wenn die Honorarleistung durch den Beschuldigten erfolgt[203].

Durch die Angleichung der Honorare von Wahl- und Pflichtverteidigern wird zugleich auch solchen Anwälten ein Anreiz zur Übernahme von Pflichtverteidigungen geboten, die dies gegenwärtig noch unter Hinweis auf die niedrige Vergütung ablehnen.

5. Zu einer zukünftigen gesetzlichen Regelung

Eine kritische Analyse der notwendigen Verteidigung und der Pflichtverteidigung wäre unvollständig, wenn sie nicht zugleich auch — als Ergebnis aller Überlegungen sowie unter Berücksichtigung dessen, was gegenwärtig mit der Aussicht auf Verwirklichung gefordert werden kann — Vorschläge für eine gesetzliche Neuregelung zur Diskussion stellen würde.

a) Änderungen in der Strafprozeßordnung

Bezüglich der Strafprozeßordnung ist vor allem eine Neufassung der §§ 140 ff. in Betracht zu ziehen, die etwa wie folgt lauten könnte:

§ 140 Notwendige Verteidigung

(1) Die Mitwirkung eines Verteidigers ist notwendig

1. im Verfahren des ersten Rechtszuges und im Berufungsverfahren, es sei denn, dem Beschuldigten wird eine der nachstehenden Handlungen zur Last gelegt:

   a) das Vergehen des Hausfriedensbruchs im Falle des § 123 StGB;
   b) die Vergehen der Beleidigung in den Fällen der §§ 185 bis 187 a und 189 StGB, wenn nicht eine der im § 197 StGB bezeichneten politischen Körperschaften beleidigt ist;
   c) das Vergehen des Diebstahls in den Fällen der §§ 242 bis 244 StGB;
   d) das Vergehen der Unterschlagung im Falle des § 246 StGB;
   e) das Vergehen des unbefugten Gebrauchs von Kraftfahrzeugen im Falle des § 248 b StGB;
   f) das Vergehen des Betrugs im Falle des § 263 StGB;

---

ten Fällen ist künftig die Beiordnung eines Armenanwalts auch für die 1. und 2. Instanz der Sozialgerichtsbarkeit vorgesehen. Auch dafür sieht der Regierungsentwurf einer Novelle zum Sozialgerichtsgesetz (BT-Drucks. 25/71) keine Schlechterstellung des Armenanwalts im Vergleich zum Wahlanwalt vor.

[203] Zu diesem Schluß kommt auch Peters Fehlerquellen II 280.

g) die Vergehen des Automatenmißbrauchs und der Erschleichung freien Eintritts im Falle des § 265 a StGB;

h) das Vergehen der Untreue im Falle des § 266 StGB;

i) das Vergehen der Verletzung fremder Geheimnisse im Falle des § 299 StGB;

j) das Vergehen der Sachbeschädigung im Falle des § 303 StGB;

k) alle nach dem Gesetz gegen den unlauteren Wettbewerb strafbaren Vergehen;

l) alle Verletzungen des Patent-, Gebrauchsmuster-, Warenzeichen- und Geschmacksmusterrechtes, soweit sie als Vergehen strafbar sind;

m) die Vergehen nach den §§ 106 bis 108 des Urheberrechtsgesetzes;

2. im Revisionsverfahren;

3. im Wiederaufnahmeverfahren, es sei denn, daß seit der Anbringung des letzten Wiederaufnahmeantrages weniger als zwei Jahre vergangen sind.

(2) Die Mitwirkung eines Verteidigers im Verfahren des ersten Rechtszuges und im Berufungsverfahren ist auch dann notwendig, wenn die Staatsanwaltschaft wegen einer der in Absatz 1, Ziff. 1 a bis m bezeichneten Handlungen die öffentliche Klage erhoben hat.

§ 141 Bestellung des notwendigen Verteidigers

(1) Macht der Beschuldigte in einem Falle notwendiger Verteidigung von seinem Recht auf Wahl eines Verteidigers keinen Gebrauch, so wird ihm ein solcher bestellt.

(2) Die Bestellung ist zurückzunehmen, sobald der Beschuldigte einen Verteidiger gewählt und dieser die Wahl angenommen hat.

§ 142 Bestellung im Vorverfahren

(1) Liegt ein Fall notwendiger Verteidigung vor, so hat die Staatsanwaltschaft zu Beginn ihrer Ermittlungen (§ 160 Abs. 1) den Beschuldigten hiervon in Kenntnis zu setzen und ihn aufzufordern, einen Verteidiger zu wählen.

(2) Erklärt der Beschuldigte, daß er einen Verteidiger nicht wähle, so hat die Staatsanwaltschaft beim Gericht die Bestellung eines Verteidigers unverzüglich zu beantragen. Zuständig für die Bestellung ist das Gericht, das für das Hauptverfahren zuständig ist. Im Falle der Zuständigkeit eines auch mit Schöffen besetzten Gerichts wird ohne deren Mitwirkung entschieden.

(3) Dies gilt entsprechend, wenn sich erst nach Beginn der Ermittlungen herausstellt, daß die Mitwirkung eines Verteidigers notwendig ist.

(4) Zwischen der Bestellung des Verteidigers und der Zustellung der Ladung für die Hauptverhandlung (§ 218) muß eine Frist von mindestens sieben Tagen liegen. Wird dem Beschuldigten ein Verbrechen zur Last gelegt, so beträgt die Frist mindestens 21 Tage.

§ 143 Bestellung in der Hauptverhandlung

(1) Ergibt sich erst während der Hauptverhandlung, daß die Mitwirkung eines Verteidigers notwendig ist, so hat das Gericht den Beschuldigten hiervon in Kenntnis zu setzen und ihn aufzufordern, einen Verteidiger zu wählen.

(2) Erklärt der Beschuldigte, daß er einen Verteidiger nicht wähle, so wird ihm ein solcher unverzüglich durch das Gericht bestellt.

(3) Dies gilt auch dann, wenn der Verteidiger ausbleibt, sich unzeitig entfernt oder sich weigert, die Verteidigung zu führen.

(4) Ist dem Beschuldigten im Verlaufe der Hauptverhandlung erstmals oder wiederholt ein Verteidiger bestellt worden, so ist diese von neuem zu beginnen, jedoch nicht vor Ablauf von sieben Tagen. Wird dem Beschuldigten ein Verbrechen zur Last gelegt, so beträgt die Frist mindestens 21 Tage.

(5) Ist in einem Fall des Absatz 3 der Neubeginn der Hauptverhandlung durch die Schuld des Verteidigers erforderlich geworden, so sind ihm die hierdurch verursachten Kosten aufzuerlegen.

§ 144 Bestellung im Wiederaufnahmeverfahren

Im Falle des § 140 Abs. 1 Ziff. 3 bestellt das Gericht, das nach § 367 Abs. 1 über die Zulassung des Antrages auf Wiederaufnahme des Verfahrens entscheidet, einen Verteidiger, sobald der rechtskräftig Verurteilte oder eine der in § 361 Abs. 2 bezeichneten Personen schriftlich oder zu Protokoll der Geschäftsstelle erklärt haben, sie beabsichtigten, einen solchen Antrag zu stellen und einen Verteidiger nicht zu wählen.

§ 144 a Bestellung eines weiteren Verteidigers

(1) Hat der Beschuldigte einen gewählten Verteidiger, so kann das Gericht zusätzlich einen Verteidiger bestellen, wenn dies im Interesse eines ordnungsmäßigen Ablaufs des Verfahrens erforderlich erscheint. Dies gilt insbesondere dann, wenn der Beschuldigte mehr als einmal seinen gewählten Verteidiger entlassen und einen neuen Verteidiger gewählt hat.

4. Teil, 2. Abschnitt: Möglichkeiten für eine Reform

(2) Die Staatsanwaltschaft kann in jeder Lage des Verfahrens aus dem in Absatz 1 bezeichneten Grund die Bestellung eines zusätzlichen Verteidigers beim Gericht beantragen. Wird der Antrag im Verlaufe des Ermittlungsverfahrens gestellt, so gilt § 142 Abs. 2, Satz 2 und 3 entsprechend. Das Gericht hat dem Antrag zu entsprechen.

§ 144 b Vorschlagsrecht des Beschuldigten

(1) Der Beschuldigte kann die Bestellung eines bestimmten Rechtsanwalts beantragen.

(2) Der Antrag kann erstmalig nur in Verbindung mit der Erklärung des Beschuldigten, daß er einen Verteidiger nicht wähle, gestellt werden.

(3) Über sein Antragsrecht ist der Beschuldigte zu belehren.

(4) Das Gericht hat dem Antrag zu entsprechen.

(5) Das Gericht verwirft den Antrag als unzulässig, wenn er nicht rechtzeitig gestellt worden ist. Dies gilt nicht, wenn der Beschuldigte nicht oder nicht rechtzeitig über sein Antragsrecht belehrt worden ist.

(6) Das Gericht weist den Antrag als nicht statthaft zurück, wenn der benannte Rechtsanwalt die Übernahme der Pflichtverteidigung ablehnt oder wenn sich der Antrag als Mißbrauch der Pflichtverteidigung darstellt. Dies ist insbesondere dann der Fall, wenn der benannte Rechtsanwalt nicht bei einem Gericht des Gerichtsbezirks zugelassen ist und seine Bestellung einen unverhältnismäßig hohen Aufwand erfordern würde.

(7) Der Beschluß, durch den dem Antrag entsprochen wird, ist nicht anfechtbar.

(8) Gegen den Beschluß, durch den der Antrag als unzulässig verworfen oder als nicht statthaft zurückgewiesen wird, ist die sofortige Beschwerde zulässig.

(9) Die Beschwerde ist bei dem Gericht, das für die Bestellung des Verteidigers zuständig ist, anzubringen; sie kann vor der Geschäftsstelle zu Protokoll erklärt werden.

(10) Über die Beschwerde entscheidet ein anderes Gericht als dasjenige, das für die Anbringung zuständig ist.

(11) Wird dem Antrag auf Bestellung eines bestimmten Rechtsanwalts nicht entsprochen, so kann der Beschuldigte innerhalb von sieben Tagen einen anderen Rechtsanwalt benennen. Wird auch dessen Bestellung abgelehnt, so steht das Antragsrecht dem Beschuldigten innerhalb von sieben Tagen noch ein weiteres Mal zu. Absatz 3 gilt jeweils entsprechend.

§ 144 c Ämter für Pflichtverteidigung

(1) Die zuständige Rechtsanwaltskammer richtet für jeden Gerichtsbezirk ein Amt für Pflichtverteidigung ein.

(2) Die Ämter unterstehen der Rechtsaufsicht des jeweiligen Staatsministers der Justiz. Bei der Durchführung ihrer Aufgaben arbeiten sie selbständig und in eigener Verantwortung.

§ 144 d Benennung des Pflichtverteidigers

(1) Ist die Auswahl des zu bestellenden Rechtsanwalts nicht gemäß § 144 b erfolgt, so hat das Gericht das für den Gerichtsbezirk zuständige Amt für Pflichtverteidigung um Benennung eines geeigneten Verteidigers zu ersuchen. Zu diesem Zweck teilt das Gericht dem Amt die benötigten Einzelheiten über die Person des Beschuldigten und die ihm zur Last gelegte strafbare Handlung mit.

(2) Das Amt für Pflichtverteidigung hat dem Ersuchen des Gerichts unverzüglich zu entsprechen.

(3) Das Gericht bestellt den benannten Rechtsanwalt, es sei denn, daß dieser die Übernahme der Pflichtverteidigung ablehnt.

§ 144 e Auswahl des Pflichtverteidigers

(1) Das Amt für Pflichtverteidigung setzt für jeweils mindestens ein Jahr und höchstens zwei Jahre im voraus den Mindestanteil der in diesem Zeitraum auf jeden Rechtsanwalt des Gerichtsbezirks entfallenden Pflichtmandate fest. Bei der Zuteilung sind die Wünsche der Rechtsanwälte, die ihr Interesse an der Übernahme von Pflichtverteidigungen bekundet haben, soweit wie möglich zu berücksichtigen.

(2) Die Auswahl eines Pflichtverteidigers richtet sich in erster Linie nach seiner besonderen Befähigung im konkreten Einzelfall.

(3) Lehnt ein bestellter Verteidiger die Übernahme der Verteidigung ab oder legt er im Verlaufe des Verfahrens sein Mandat nieder, ohne hierfür einen triftigen Grund glaubhaft zu machen, so kann er vom Amt für Pflichtverteidigung für mindestens drei Monate und höchstens ein Jahr von der Zuteilung weiterer Pflichtmandate ausgeschlossen werden.

§ 144 f Ablehnung des Pflichtverteidigers

(1) Der Beschuldigte kann den ihm bestellten Verteidiger ablehnen. Dies gilt auch dann, wenn der Rechtsanwalt zuvor vom Beschuldigten benannt worden ist.

(2) Die Ablehnung ist in jedem Zeitpunkt des Verfahrens zulässig.

(3) Das Ablehnungsgesuch ist bei dem Gericht, das den Verteidiger bestellt hat, anzubringen; es kann vor der Geschäftsstelle zu Protokoll erklärt werden.

(4) Der Ablehnungsgrund ist glaubhaft zu machen. Der Eid ist als Mittel der Glaubhaftmachung ausgeschlossen.

(5) Der abgelehnte Verteidiger ist zu dem Ablehnungsgrund zu hören.

(6) Das Gericht verwirft die Ablehnung als unzulässig, wenn

1. ein Grund zur Ablehnung oder ein Mittel zur Glaubhaftmachung nicht angegeben wird oder

2. durch die Ablehnung das Verfahren offensichtlich nur verschleppt oder nur verfahrensfremde Zwecke verfolgt werden sollen.

(7) Der Beschluß, durch den die Ablehnung für zulässig und für begründet erklärt wird, ist nicht anfechtbar.

(8) Gegen den Beschluß, durch den die Ablehnung als unzulässig verworfen oder als unbegründet zurückgewiesen wird, ist sofortige Beschwerde zulässig. Für die Anbringung der Beschwerde gilt Absatz 3 entsprechend.

(9) Über die Beschwerde entscheidet ein anderes Gericht als dasjenige, das den Verteidiger bestellt hat.

§ 145 Pflichtverteidigung im Wiederaufnahmeverfahren

Die §§ 141, 143 Abs. 3 bis 5, 144 a bis 144 f sind im Wiederaufnahmeverfahren für den rechtskräftig Verurteilten und die in § 361 Abs. 2 bezeichneten Personen entsprechend anzuwenden.

Die §§ 81 II, 117 IV, 118 a II, 126 a II, 350 III StPO werden ersatzlos gestrichen.

In § 338 StPO ist als absoluter Revisionsgrund zu ergänzen:

9. wenn in einem Falle notwendiger Verteidigung der Verteidiger nicht rechtzeitig bestellt worden ist oder wenn die Fristen des § 142 Abs. 4 oder des § 143 Abs. 4 nicht beachtet worden sind.

b) Änderungen im Jugendgerichtsgesetz

Im Jugendgerichtsgesetz ergeben sich folgende Änderungen:
§ 68 erhält nachstehende Fassung:
Die Mitwirkung eines Verteidigers ist notwendig

1. im Verfahren des ersten Rechtszuges, im Berufungsverfahren, im Revisionsverfahren;

2. im Wiederaufnahmeverfahren, es sei denn, daß seit der Anbringung des letzten Wiederaufnahmeantrages weniger als zwei Jahre vergangen sind.

§ 69 wird ersatzlos gestrichen.

c) Änderungen in der Bundesgebührenordnung für Rechtsanwälte

Ergänzend zu diesen Änderungen in der Strafprozeßordnung und im Jugendgerichtsgesetz ist auch die Neufassung oder Ergänzung einzelner Bestimmungen der Bundesgebührenordnung für Rechtsanwälte in Betracht zu ziehen.

§ 97 Anspruch gegen die Staatskasse

(1) Versichert der Beschuldigte in einem Falle notwendiger Verteidigung glaubhaft, daß er ohne Beeinträchtigung des für ihn und seine Familie notwendigen Unterhalts zur Zahlung nicht in der Lage ist, so erhält der gerichtlich bestellte Verteidiger für seine Mitwirkung im Hauptverfahren das Sechsfache der in den §§ 83 bis 86, 90 bis 92, 94 und 95 bestimmten Mindestbeträge aus der Staatskasse, jedoch nicht mehr als drei Viertel des Höchstbetrages.

(2) War er auch vor Eröffnung des Hauptverfahrens als Verteidiger tätig, so erhält er unabhängig vom Zeitpunkt seiner Bestellung zusätzlich eine weitere Gebühr in Höhe des Sechsfachen der Mindestbeträge des § 84.

(3) § 84 Abs. 2 gilt entsprechend.

(4) Für den Anspruch des Verteidigers auf Ersatz der Auslagen aus der Staatskasse gilt § 126 Abs. 1 Satz 1, Abs. 2.

§ 97 a Anspruch gegen den Beschuldigten

(1) Hat der Beschuldigte seine Bedürftigkeit nicht gemäß § 97 Abs. 1 glaubhaft gemacht oder ist diese im Verlaufe des Verfahrens entfallen, so kann der gerichtlich bestellte Verteidiger von ihm die Zahlung der Gebühren eines gewählten Verteidigers verlangen; er ist auch berechtigt, einen angemessenen Vorschuß zu fordern. Vorschüsse und Zahlungen, die er für seine Tätigkeit in der Strafsache aus der Staatskasse erhalten hat, hat er sich auf die vom Beschuldigten zu zahlenden Gebühren anrechnen zu lassen.

(2) Hat die Staatskasse Vorschüsse und Zahlungen an den Rechtsanwalt geleistet, so kann sie diese vom Beschuldigten zurückfordern.

4. Teil, 2. Abschnitt: Möglichkeiten für eine Reform

In § 99 ist hinter dem Wort „Rechtsanwalt" zu ergänzen:

sofern der Beschuldigte eine Versicherung gemäß § 97 Abs. 1 abgegeben hat.

§ 100 Vorschuß

(1) Hat der Beschuldigte eine Versicherung gemäß § 97 Abs. 1 abgegeben, so kann der gerichtlich bestellte Verteidiger für die voraussichtlich entstehenden Gebühren angemessenen Vorschuß aus der Staatskasse fordern, soweit ihm — insbesondere wegen der zu erwartenden langen Dauer des Verfahrens — nicht zugemutet werden kann, die Zahlung der Vergütung bis zur Beendigung der Hauptverhandlung abzuwarten.

(2) Dies gilt sinngemäß für die dem gerichtlich bestellten Verteidiger voraussichtlich erwachsenden Auslagen.

(3) § 128 gilt sinngemäß.

§ 101 Anrechnung, Rückzahlung

(1) Vorschüsse und Zahlungen, die der Verteidiger vor oder nach seiner Bestellung für seine Tätigkeit in der Strafsache von dem Beschuldigten oder einem Dritten nach dieser Gebührenordnung oder aufgrund einer Vereinbarung erhalten hat, sind auf die von der Staatskasse zu zahlenden Gebühren anzurechnen.

(2) Hat der gerichtlich bestellte Verteidiger von dem Beschuldigten oder einem Dritten Zahlungen empfangen, nachdem er Gebühren aus der Staatskasse erhalten hat, so ist er zur Rückzahlung an die Staatskasse verpflichtet.

(3) Vorschüsse und Zahlungen, die für die Anrechnung oder die Pflicht zur Rückzahlung von Bedeutung sind, hat der gerichtlich bestellte Verteidiger der Staatskasse anzuzeigen.

§ 112 IV erhält folgende Fassung:

Hat der Beschuldigte eine Versicherung gemäß § 97 Abs. 1 abgegeben, so erhält der gerichtlich bestellte Verteidiger das Sechsfache der in den Absätzen 1, 2 und 3 bestimmten Mindestbeträge aus der Staatskasse; §§ 97 Abs. 2, 98 bis 101, 103 gelten sinngemäß.

Neu einzufügen ist folgende Bestimmung:

Die Vorschriften über die Gebühren des gerichtlich bestellten Verteidigers sind auf das Wiederaufnahmeverfahren sinngemäß anzuwenden, wenn dem rechtskräftig Verurteilten oder einer der in § 361 Abs. 2 bezeichneten Personen ein Verteidiger bestellt worden ist.

Schlußwort

Ein Vierteljahrhundert nach Inkrafttreten des Grundgesetzes ist es endlich an der Zeit, die Verteidigung im Strafprozeß mit dem verfassungsrechtlich verankerten Rechts- und Sozialstaatsprinzip in Einklang zu bringen. Die vorliegende Untersuchung wollte deutlich machen, daß notwendige Verteidigung und Pflichtverteidigung dringend einer Reform bedürfen, um im Strafverfahren für alle Beschuldigten ungeachtet ihrer wirtschaftlichen Leistungsfähigkeit gleiche Ausgangspositionen herzustellen. „Angeklagte zweiter Klasse", d. h. Bürger minderen Rechts, darf es nicht geben.

Vor einer gesetzlichen Neuregelung ist es jedoch unerläßlich, zunächst eine umfassende Gesamtkonzeption über die zukünftige Stellung des Beschuldigten und seines Verteidigers im Strafprozeß zu entwickeln, die modernen rechtspolitischen Vorstellungen entspricht; auch hierzu will die vorliegende Arbeit einen Diskussionsbeitrag leisten.

Einzelne Verbesserungen, wie sie beispielsweise der im Februar 1973 veröffentlichte Gesetzentwurf der Bundesregierung zur Reform des Strafverfahrensrechts vorsieht[1], sind zwar zu begrüßen. Dennoch darf darüber die Einsicht nicht verlorengehen, daß auf Dauer gesehen nur eine grundlegende und zukunftsweisende Neuregelung der notwendigen Verteidigung und der Pflichtverteidigung geeignet ist, das Vertrauen der Bürger in die Funktionsfähigkeit unseres demokratischen und sozialen Rechtsstaates zu erhalten und zu festigen.

---

[1] Geplant ist u. a., daß die Staatsanwaltschaft im Falle einer notwendigen Verteidigung künftig schon während des Ermittlungsverfahrens — und nicht erst nach dessen Abschluß wie noch gegenwärtig (siehe § 141 III StPO) — die Bestellung eines Pflichtverteidigers für den Beschuldigten, der keinen Anwalt gewählt hat, beantragen muß; vgl. „Frankfurter Rundschau" vom 15. Februar 1973.

Literatur- und Abkürzungsverzeichnis

Abegg	Abegg, Julius Friedrich Heinrich: Lehrbuch des gemeinen Criminal-Prozesses mit besonderer Berücksichtigung des Preußischen Rechts und mit einer Abhandlung über die wissenschaftliche Behandlung des Criminalprozesses. Königsberg 1833
Abendroth	Abendroth, Wolfgang: Recht und Ideologie. Thesen zu ihrer Verschränkung in den Diskussionen über die Strafrechtsreform, in: Blätter für deutsche und internationale Politik 1967-56 ff.
Ackermann	Ackermann, Heinrich: Die Verteidigung des schuldigen Angeklagten. NJW 1954-1385 ff.
Alexander	Alexander, Rudolf: Die Stellung des Verteidigers. ZStW Bd. 51 (1931)-54 ff.
Amrhein	Amrhein, Fritz: Die Entwicklung des hessischen Strafprozeßrechts im 18. und 19. Jahrhundert. Dissertation Würzburg (Maschinenschrift). Würzburg 1955
Angersbach	Angersbach, Ulrich: Müssen Angeklagte warten, weil den Pflichtverteidigern das Honorar zu gering ist? AnwBl 1971-282
AnwBl	Anwaltsblatt
ArchKrim	Archiv für Kriminologie
Arnau	Arnau, Frank: Die Straf-Unrechtspflege in der Bundesrepublik. München 1967
Arndt	Arndt, Adolf: Das rechtliche Gehör. NJW 1959-6 ff.
Arndt	Arndt, Adolf: Anmerkung zum Beschluß des Bundesverfassungsgerichts vom 11. August 1964. NJW 1965-147 f.
Bader	Bader, Karl Siegfried: Zur Stellung des Staatsanwalts in der heutigen Strafrechtspflege. NJW 1949-737 ff.
Bader	Bader, Karl Siegfried: Strafverteidigung vor deutschen Gerichten im Dritten Reich. JZ 1972-6 ff.
Bauer	Bauer, Fritz: Das Verbrechen und die Gesellschaft. München/Basel 1957
Baumann	Baumann, Jürgen: Grundbegriffe und Verfahrensprinzipien des Strafprozeßrechts. Eine Einführung an Hand von Fällen. Stuttgart/Berlin/Köln/Mainz 1969

Beling	Beling, Ernst: Deutsches Strafprozeßrecht mit Einschluß des Strafgerichtsverfassungsrechts. Berlin/Leipzig 1928
Bemmann	Bemmann, Günter: Über Rechtfertigungs- und Entschuldigungsgründe bei der Rechtsbeugung. RuP 1969-95 ff.
Bendix	Bendix, Ludwig: Zur Psychologie der Urteilstätigkeit des Berufsrichters und andere Schriften. Luchterhand Soziologische Texte, Band 43. Neuwied/Berlin 1968
Bennecke/Beling	Bennecke, Hans / Beling, Ernst: Lehrbuch des Deutschen Reichs-Strafprozeßrechts. Breslau 1900
Berra	Berra, Xaver (d. i. Theo Rasehorn): Im Paragraphenturm. Eine Streitschrift zur Entideologisierung der Justiz. Berlin/Neuwied 1966
BGBl	Bundesgesetzblatt
BGHSt	Entscheidungen des Bundesgerichtshofes in Strafsachen. Amtliche Sammlung
BGHZ	Entscheidungen des Bundesgerichtshofes in Zivilsachen. Amtliche Sammlung
Biener	Biener, Friedrich August: Beiträge zu der Geschichte des Inquisitionsprozesses und der Geschworenengerichte. Leipzig 1827 (Neudruck: Aalen 1965)
Binding	Binding, Karl: Grundriß des deutschen Strafprozeßrechts. 5. Auflage. Leipzig 1904
Binding Abhandlungen	Binding, Karl: Strafrechtliche und strafprozessuale Abhandlungen. Zweiter Band: Strafprozeß. München/Leipzig 1915
Birkmeyer	Birkmeyer, Karl: Deutsches Strafprozeßrecht. Berlin 1898
Böhme	Böhme, Wolfgang (Herausgeber): Weltanschauliche Hintergründe in der Rechtsprechung. Mit Beiträgen von Theo Rasehorn, Richard Schmid, Thomas Würtenberger und Martin Drath. Karlsruhe 1968
Börker	Börker, Rudolf: Aussetzung der Hauptverhandlung wegen Wechsels des notwendigen Verteidigers. MDR 1956 - 578 ff.
BRAGebO	Bundesgebührenordnung für Rechtsanwälte
Brangsch	Brangsch, Heinz: Die Stellung des Staatsanwalts. Ein Diskussionsbeitrag. NJW 1951 - 59 ff.
BRAO	Bundesrechtsanwaltsordnung mit der amtlichen Begründung. München/Berlin 1959
Bremer	Bremer, Heinz: Der Sachverständige. Seine Rechtsstellung und seine Rechtsbeziehungen. Heidelberg 1963

Brunner I	Brunner, Heinrich: Deutsche Rechtsgeschichte. Band 1. Systematisches Handbuch der Deutschen Rechtswissenschaft. Abteilung 2, Teil 1, Band 1. 2. Auflage. Leipzig 1906
Brunner II	Brunner, Heinrich: Deutsche Rechtsgeschichte. Band 2. Neu bearbeitet von Claudius Freiherr von Schwerin. Systematisches Handbuch der Deutschen Rechtswissenschaft. Abteilung 2, Teil 1, Band 2. 2. Auflage. Leipzig 1928
BVerfGE	Entscheidungen des Bundesverfassungsgerichts. Amtliche Sammlung
CCC	Die Peinliche Gerichtsordnung Kaiser Karls V. von 1532 (Carolina). Herausgegeben und erläutert von Gustav Radbruch. Leipzig o. J.
Cohnitz	Cohnitz, Wolf-Günther: Der Verteidiger in Jugendsachen. Ein Leitfaden, insbesondere für die anwaltliche Praxis. Berlin o. J.
Cramer	Cramer, Martin: Die Verteidigung als „Organ der Rechtspflege". Allgemeines zur Stellung des Rechtsanwalts im Strafverfahren. (Maschinenschrift) Institut für Kriminologie, Universität Frankfurt am Main. Frankfurt am Main 1970
Dahs	Dahs, Hans: Handbuch des Strafverteidigers. 3. Auflage. Köln 1971
Dahs	Dahs, Hans: Anmerkung zum Beschluß des OLG Bremen vom 9. März 1951. NJW 1951 - 454
Dahs	Dahs, Hans: Anmerkung zum Beschluß des OLG Düsseldorf vom 12. Oktober 1955. NJW 1956 - 436 f.
Dahs	Dahs, Hans: Das Plädoyer des Strafverteidigers. AnwBl 1959 - 1 ff.
Dahs	Dahs, Hans: Der Anwalt im Strafprozeß. AnwBl 1959 - 171 ff.
Dahs	Dahs, Hans: Verteidigung im Strafverfahren — heute und morgen. ZRP 1968 - 17 ff.
Dahs jun.	Dahs, Hans: Der streikende Pflichtverteidiger, zugleich eine Anmerkung zu LG Schweinfurt AnwBl 1972 - 287. AnwBl 1972 - 297 ff.
Dallinger/Lackner	Dallinger, Wilhelm / Lackner, Karl: Jugendgerichtsgesetz mit ergänzenden Vorschriften. Kurzkommentar. 2. Auflage. München/Berlin 1965
DDRGBl	Gesetzblatt der Deutschen Demokratischen Republik
DJZ	Deutsche Juristen-Zeitung
Dohna	Dohna, Alexander Graf zu: Das Strafprozeßrecht. 3. Auflage. Berlin 1929
Döhring	Döhring, Erich: Geschichte der deutschen Rechtspflege seit 1500. Berlin 1953

Dolph	Dolph, Werner: Der Pflichtverteidiger. Vom Rechtsschutz minderer Klasse. Auszug aus einer vom 3. Hörfunk-Programm des Senders Freies Berlin am 13. Dezember 1971 ausgestrahlten Sendung. AnwBl 1972 - 67 f.
Dombois	Dombois, Hans: Mensch und Strafe. Witten 1957
DRiZ	Deutsche Richterzeitung
DRpfl	Der Deutsche Rechtspfleger
DStR (GA)	Deutsches Strafrecht (Goltdammer's Archiv)
Engisch	Festschrift für Karl Engisch zum 70. Geburtstag. Herausgegeben von Paul Bockelmann, Arthur Kaufmann, Ulrich Klug. Frankfurt am Main 1969
Exner	Exner, Franz: Richter, Staatsanwalt und Beschuldigter im Strafprozeß des neuen Staates. ZStW Bd. 54 (1935) - 1 ff.
Fehr	Fehr, Hans: Deutsche Rechtsgeschichte. 4. Auflage. Berlin 1948
Fels	Fels, Hans: Der Strafprozeß der Preußischen Criminal-Ordnung von 1805. Dissertation Bonn. Urach (Württemberg) 1932
Fleck/Müller	Fleck, Georg / Müller, Egon: Der arme Angeklagte und § 245 StPO. ZRP 1969 - 175 f.
Frauenstädt	Frauenstädt, Josef: Das Gaunertum des deutschen Mittelalters. ZStW Bd. 18 (1898) - 331 ff.
Freisler	Freisler, Roland: Zur Stellung des Verteidigers im neuen Strafverfahren. DStR (GA) 1937 - 113 ff.
Friesenhahn	Friesenhahn, Ernst: Der Richter in unserer Zeit. DRiZ 1969 - 169 ff.
GA	Goltdammer's Archiv für Strafrecht
Gänger	Gänger, Wolfgang: Die Stellung der Verteidigung im deutschen Strafprozeß des 19. Jahrhunderts bis zur Schaffung der Reichsstrafprozeßordnung. Dissertation Heidelberg. Heidelberg 1951
Geerds	Geerds, Friedrich: Zur Problematik der strafrechtlichen Deliktstypen, in: Engisch 406 ff.
Geerds	Geerds, Friedrich: Maximen des Strafprozesses. Gedanken zur Funktion der Prozeßgrundsätze im deutschen Strafverfahrensrecht. SchlHA 1962 - 181 ff.
Geerds	Geerds, Friedrich: Strafrechtspflege und prozessuale Gerechtigkeit. SchlHA 1964 - 57 ff.
Geerds	Geerds, Friedrich: Juristische Probleme des Sachverständigenbeweises. ArchKrim Bd. 137 (1966) - 61 ff., 155 ff.

Geerds Kriminalität	Geerds, Friedrich: Die Kriminalität als soziale und als wissenschaftliche Problematik. Recht und Staat, Heft 315/316. Tübingen 1965
Geerds Staatsgewalt	Geerds, Friedrich: Einzelner und Staatsgewalt im geltenden Strafrecht. Bad Homburg vor der Höhe/Berlin/Zürich 1969
Gerchow	Gerchow, Joachim: Bemerkungen zur sogenannten Krise des Sachverständigenbeweises. ArchKrim Bd. 134 (1964) - 125 ff.
Gerland	Gerland, Heinrich: Der deutsche Strafprozeß. Eine systematische Darstellung. Mannheim/Berlin/Leipzig 1927
Gerland	Gerland, Heinrich: Der Strafprozeß im autoritären Staat. DRiZ 1933 - 233 ff.
Gerold/Schmidt	Gerold, Wilhelm / Schmidt, Herbert: Bundesgebührenordnung für Rechtsanwälte. Kommentar. 4. Auflage. München 1970
Geyer	Geyer, August: Lehrbuch des gemeinen deutschen Strafprozeßrechts. Leipzig 1880
GG	Grundgesetz für die Bundesrepublik Deutschland
Glaser I	Glaser, Julius: Handbuch des Strafprozesses. Erster Band. Leipzig 1883
Glaser II	Glaser, Julius: Handbuch des Strafprozesses. Zweiter Band. Leipzig 1885
Goltz	Goltz, Graf von der: Die Stellung des Verteidigers im künftigen Strafprozeß. DStR (GA) 1935 - 267 ff.
Göppinger	Göppinger, Hans: Psychologische und tiefenpsychologische Untersuchungsmethoden und ihr Aussagewert für die Beurteilung der Täterpersönlichkeit und der Schuldfähigkeit. NJW 1961 - 241 ff.
Graßberger	Graßberger, Roland: Psychologie des Strafverfahrens. 2. Auflage. Wien/New York 1968
Greffin	Greffin, Günther: Der amtlich bestellte Verteidiger im deutschen Strafprozeß. Dissertation Halle/Wittenberg. Jena 1937
Grethlein/Brunner	Grethlein, Gerhard / Brunner, Rudolf: Jugendgerichtsgesetz. Kommentar. 3. Auflage. Berlin 1969
GS	Der Gerichtssaal. Zeitschrift für Zivil- und Militärstrafrecht und Strafprozeßrecht sowie die ergänzenden Disziplinen
Günther	Günther, Helmut: Ablehnungsgründe für Armenanwälte und Pflichtverteidiger. AnwBl 1970 - 65 ff.
GVG	Gerichtsverfassungsgesetz

Haeberlin	Haeberlin, C. F. W. J. (Herausgeber): Sammlung der neuen deutschen Strafprocessordnungen mit Einschluß der französischen und belgischen sowie der Gesetze über Einführung des mündlichen und öffentlichen Strafverfahrens mit Schwurgerichten. Greifswald 1852
Haferland	Haferland, Fritz: Die strafrechtliche Verantwortlichkeit des Verteidigers. Berlin 1929
Hahn I	Hahn, C. (Herausgeber): Die gesamten Materialien zu den Reichsjustizgesetzen. Dritter Band: Die gesamten Materialien zur Strafprozeßordnung und dem Einführungsgesetz zu derselben vom 1. Februar 1877. Erste Abteilung. Berlin 1880
Hahn II	Hahn, C. (Herausgeber): Die gesamten Materialien zu den Reichsjustizgesetzen. Dritter Band: Die gesamten Materialien zur Strafprozeßordnung und dem Einführungsgesetz zu derselben vom 1. Februar 1877. Zweite Abteilung. Berlin 1881
Hartung	Hartung, Fritz: Reform des Strafverfahrens nach dem Einführungsgesetz zum Strafgesetzbuch. JW 1930 - 2498 f.
Henkel	Henkel, Heinrich: Strafverfahrensrecht. Ein Lehrbuch. 2. Auflage. Stuttgart/Berlin/Köln/Mainz 1968
Henkel	Henkel, o. V.: Zur Gestalt des künftigen Strafverfahrens. Gedanken zur Strafverfahrenserneuerung. DJZ 1935, Sp. 530 ff.
Hesselmann	Hesselmann, Harald: Pflichtverteidigervergütung. AnwBl 1971 - 282
Hippel	Hippel, Robert von: Der deutsche Strafprozeß. Lehrbuch. Marburg 1941
Hirschberg	Hirschberg, Max: Das amerikanische und deutsche Strafverfahren in rechtsvergleichender Sicht. Strafrecht, Strafverfahren, Kriminologie, Band 6. Neuwied/Berlin 1963
Hirschberg Fehlurteil	Hirschberg, Max: Das Fehlurteil im Strafprozeß. Zur Pathologie der Rechtsprechung. Stuttgart 1960
HRR	Höchstrichterliche Rechtsprechung
Inhulsen	Inhulsen, C. H. P.: Das englische Strafverfahren. Eine Einführung in die heutige Praxis. Berlin 1936
Jagemann/Brauer	Jagemann, Ludwig von / Brauer, Wilhelm: Criminallexikon. Erlangen 1854
Janetzke	Janetzke, Gerhard: Strafunrecht? DRiZ 1972 - 131 f.
Jescheck	Jescheck, Hans-Heinrich: Lehrbuch des Strafrechts. Allgemeiner Teil. 2. Auflage. Berlin 1972
JGG	Jugendgerichtsgesetz

JR	Juristische Rundschau
Judex	Judex: Irrtümer der Strafjustiz. Eine kriminalistische Untersuchung ihrer Ursachen. Hamburg 1963
JuS	Juristische Schulung
JW	Juristische Wochenschrift
JZ	Juristenzeitung
Kaiser	Kaiser, Günther: Einige Vorbemerkungen zu Grundfragen heutiger Kriminalpolitik. MoKrim 1968 - 1 ff.
Kalsbach	Kalsbach, Werner: Bundesrechtsanwaltsordnung und Richtlinien für die Ausübung des Rechtsanwaltsberufes. Kommentar. Köln 1960
Kappe	Kappe, o. V.: Ist die Entscheidung über die Bestellung eines Pflichtverteidigers gemäß § 140 Abs. 2 StPO eine Ermessensentscheidung? GA 1960 - 357 ff.
Kaupen	Kaupen, Wolfgang: Die Hüter von Recht und Ordnung. Die soziale Herkunft, Erziehung und Ausbildung der deutschen Juristen. Eine soziologische Analyse. Luchterhand Soziologische Texte, Band 65. Neuwied/Berlin 1969
Kaupen	Kaupen, Wolfgang: Der Jurist als Behüter oder als Gestalter der Gesellschaft. RuP 1970 - 112 ff.
Kern/Roxin	Kern, Eduard / Roxin, Claus: Strafverfahrensrecht. Ein Studienbuch. 11. Auflage. München 1972
Kircher	Kircher, Peter: Die Privatklage. Eine strafprozessuale und kriminalpolitische Studie zur Möglichkeit einer Begrenzung des Strafrechts auf prozessualem Weg. Dissertation Frankfurt am Main. München 1971
KJ	Kritische Justiz
Klefisch	Klefisch, Theodor: Die Stellung des Strafverteidigers im Licht der heutigen Rechtsanschauung. JW 1935 - 3350 ff.
Kleinknecht	Kleinknecht, Theodor: Strafprozeßordnung, Gerichtsverfassungsgesetz, Nebengesetze und ergänzende Bestimmungen. Kurzkommentar. 30. Auflage. München 1971
KMR	Müller, Hermann / Sax, Walter: Kommentar zur Strafprozeßordnung und zum Gerichtsverfassungs- und Ordnungswidrigkeitengesetz. Band 1: Strafprozeßordnung. 6. Auflage. Darmstadt 1966
Koch	Koch, o. V.: Zwangsvollstreckung durch Strafanzeige. MDR 1964 - 650
Kohlhaas	Kohlhaas, o. V.: Pflichtverteidigung in der Revisionsinstanz? NJW 1951 - 179 f.

Kraschutzki	Kraschutzki, Heinz: Die Untaten der Gerechtigkeit. Vom Übel der Vergeltungsstrafe, dargestellt an 111 Fällen aus der Urteils- und Vollzugspraxis unserer Tage. München 1966
Krattinger	Krattinger, Peter Georg: Die Strafverteidigung im Vorverfahren im deutschen, französischen und englischen Strafprozeß und ihre Reform. Bonn 1964
Kreitmair	Kreitmair, Jakob: Die notwendige Verteidigung und ihre Weiterentwicklung in den Entwürfen zur Strafprozeßordnung. Dissertation Erlangen. Coburg 1930
Krey	Krey, Volker: Verfassungskonforme Gesetzeskorrektur im Rahmen der notwendigen Verteidigung (§ 140 Abs. 1 Nr. 5 StPO)? NJW 1970 - 1908 f.
Kube	Kube, Edwin: Beweisverfahren und Kriminalistik in Deutschland. Ihre geschichtliche Entwicklung. Kriminologische Schriftenreihe aus der Deutschen Kriminologischen Gesellschaft, Band 13. Hamburg 1964
Lantzke	Lantzke, Ursula: Auswirkungen des Ersten Strafrechtsreformgesetzes auf die Pflichtverteidigung. NJW 1971 - 737 ff.
Lautmann	Lautmann, Rüdiger: Soziologie vor den Toren der Jurisprudenz. Zur Kooperation der beiden Disziplinen. Stuttgart/Berlin/Köln/Mainz 1971
Leferenz	Leferenz, Heinz: Richter und Sachverständiger, in: Kriminalbiologische Gegenwartsfragen, Heft 5 - 1 ff. Stuttgart 1962
Leferenz Kriminologie	Leferenz, Heinz: Aufgaben einer modernen Kriminologie. Schriftenreihe der Juristischen Studiengesellschaft Karlsruhe, Heft 76. Karlsruhe 1967
Lenin	Lenin, Wladimir I.: Staat und Revolution. Die Lehre des Marxismus vom Staat und die Aufgaben des Proletariats in der Revolution. 14. Auflage. Berlin 1970
Lindenberg	Lindenberg, Wladimir: Richter, Staatsanwälte, Rechtsbrecher. Betrachtungen eines Sachverständigen. München/Basel 1965
Liszt	Liszt, Franz von: Die Stellung der Verteidigung in Strafsachen. DJZ 1901 - 179 ff.
LM	Nachschlagewerk des Bundesgerichtshofes. Begründet von Fritz Lindenmaier und Philipp Möhring, fortgeführt und herausgegeben in Strafsachen von Heinrich Jagusch, Wolfgang Fränkel, Curt Ferdinand Freiherr von Stackelberg, Helmut Seydel. Serie 1950 - 1955. 8. Band: Strafsachen (ohne StGB). München/Berlin (Loseblattsammlung)
Löffler	Löffler, Rudolf: Voraussetzungen für die Anwendbarkeit der §§ 81, 81 a StPO. NJW 1951 - 821 ff.

Lohsing	Lohsing, Ernst: Österreichisches Strafprozeßrecht in systematischer Darstellung. 2. Auflage. Graz/Wien 1920
Löwe-R I	Dünnebier, Hanns / Gollwitzer, Walter / Kohlhaas, Max / Sarstedt, Werner / Schäfer, Karl: Die Strafprozeßordnung und das Gerichtsverfassungsgesetz. Großkommentar. Erster Band: Einleitung, §§ 1 - 212 b StPO. 22. Auflage. Berlin/New York 1971
Löwe-R II	Dünnebier, Hanns / Gollwitzer, Walter / Kohlhaas, Max / Sarstedt, Werner / Schäfer, Karl: Die Strafprozeßordnung und das Gerichtsverfassungsgesetz. Großkommentar. Zweiter Band, 1. Lieferung: §§ 213 - 332 StPO. 22. Auflage. Berlin/New York 1971
Lukanow	Lukanow, Jürgen: Der Mißbrauch der Verteidigerstellung im englischen und deutschen Strafprozeß. Rechtsvergleichende Untersuchungen zur gesamten Strafrechtswissenschaft. Neue Folge, Heft 9. Bonn 1953
Maihofer	Maihofer, Werner: Die gesellschaftliche Funktion des Rechts, in: Die Funktion des Rechts in der modernen Gesellschaft. Jahrbuch für Rechtssoziologie und Rechtstheorie, Band 1, S. 13 ff. Bielefeld 1970
Mayer	Mayer, Hellmuth: Strafrecht. Allgemeiner Teil. Stuttgart/Berlin/Köln/Mainz 1967
Mayer	Mayer, Hellmuth: Zum Aufbau des Strafprozesses. GS Bd. 104 (1934) - 302 ff.
Mayer Bestimmtheit	Mayer, Hellmuth: Die gesetzliche Bestimmtheit der Straftatbestände, in: Materialien zur Strafrechtsreform, Band 1, S. 250 ff. Bonn 1954
Mayer Reform	Mayer, Hellmuth: Strafrechtsreform für heute und morgen. Kriminologische Forschungen, Band 1. Berlin 1962
MDR	Monatsschrift für Deutsches Recht
Melcher	Melcher, Kurt: Die Geschichte der Polizei. Die Polizei in Einzeldarstellungen 2. Berlin 1926
Middendorff	Middendorff, Wolf: Der Strafrichter. Auch ein Beitrag zur Strafrechtsreform. Freiburg im Breisgau 1963
Mittermaier	Mittermaier, C. J. A.: Das deutsche Strafverfahren. Erster Band. 4. Auflage. Heidelberg 1845
Mittermaier Verteidigung	Mittermaier, C. J. A.: Anleitung zur Vertheidigungskunst im deutschen Strafproceß und in dem auf Mündlichkeit und Öffentlichkeit gebauten Strafverfahren mit den Eigenthümlichkeiten der Vertheidigung vor Geschworenen. 4. Auflage. Regensburg 1845
MoKrim	Monatsschrift für Kriminologie und Strafrechtsreform

MRK	Konvention zum Schutz der Menschenrechte und Grundfreiheiten
Müller-Meiningen jr.	Müller-Meiningen jr., Ernst: Armut und Gerechtigkeit. Süddeutsche Zeitung vom 15. Februar 1971
NJW	Neue Juristische Wochenschrift
Noack	Noack, E.: Nochmals Angeklagter und Verteidiger im neuen Staat. JW 1934 - 1030 f.
Nuvolone	Nuvolone, Pietro: Die italienische Strafprozeßreform im Vergleich mit den deutschen Reformbestrebungen. ZStW Bd. 74 (1962) - 663 ff.
Opp/Peuckert	Opp, Karl-Dieter / Peuckert, Rüdiger: Ideologie und Fakten in der Rechtsprechung. Eine soziologische Untersuchung über das Urteil im Strafprozeß. München 1971
Ostermeyer	Ostermeyer, Helmut: Strafunrecht. München 1971
Ostermeyer	Ostermeyer, Helmut: Pflichtverteidiger für Strafgefangene. ZRP 1970 - 174 f.
Ostler	Ostler, Fritz: Die deutschen Rechtsanwälte 1871 - 1971. Essen 1971
Ostler	Ostler, Fritz: Der Rechtsanwalt als Strafverteidiger. Erfahrungen aus der Vergangenheit, Betrachtungen aus der Gegenwart, Wünsche für die Zukunft. JR 1959 - 121 ff.
Paulsen	Paulsen, Monrad G.: Grundzüge des amerikanischen Strafprozesses. ZStW Bd. 77 (1965) - 637 ff.
Peters	Peters, Karl: Strafprozeß. Ein Lehrbuch. 2. Auflage. Karlsruhe 1966
Peters	Peters, Karl: Die Parallelität von Prozeß- und Sachentscheidungen. ZStW Bd. 68 (1956) - 374 ff.
Peters Begrenzung	Peters, Karl: Die Begrenzung des Strafrechts bei zivilrechtlichen Verhältnissen als materiellrechtliches und strafprozessuales Problem. Eine kriminalpolitische Studie, in: Festschrift für Eberhard Schmidt zum 70. Geburtstag, herausgegeben von Paul Bockelmann und Wilhelm Gallas, S. 488 ff. Göttingen 1961
Peters Fehlerquellen I	Peters, Karl: Fehlerquellen im Strafprozeß. Eine Untersuchung der Wiederaufnahmeverfahren in der Bundesrepublik Deutschland. Erster Band: Einführung und Dokumentation. Karlsruhe 1970
Peters Fehlerquellen II	Peters, Karl: Fehlerquellen im Strafprozeß. Eine Untersuchung der Wiederaufnahmeverfahren in der Bundesrepublik Deutschland. Zweiter Band: Systematische Untersuchungen und Folgerungen. Karlsruhe 1972

Peters Gerechtigkeit	Peters, Karl: Individualgerechtigkeit und Allgemeininteresse. Summa ius — summa iniuria. Tübinger Rechtswissenschaftliche Abhandlungen, Band 9. Tübingen 1963
Peters Kraft	Peters, Karl: Die strafrechtsgestaltende Kraft des Strafprozesses. Antrittsvorlesung an der Universität Tübingen. Recht und Staat, Heft 276/277. Tübingen 1963
Peters Untersuchungen	Peters, Karl: Untersuchungen zum Fehlurteil im Strafprozeß. Schriftenreihe der Juristischen Gesellschaft Berlin, Heft 29. Berlin 1967
Pfenninger	Pfenninger, Hans Felix: Probleme des schweizerischen Strafprozeßrechts. Ausgewählte Aufsätze. Zürich 1966
Plack	Plack, Arno: Die Gesellschaft und das Böse. Eine Kritik der herrschenden Moral. München 1967
Planck	Planck, J. W.: Das deutsche Gerichtsverfahren im Mittelalter. Nach dem Sachsenspiegel und den verwandten Rechtsquellen. Erster Band, erste Hälfte. Braunschweig 1878
Potrykus	Potrykus, Gerhard: Die Verteidigerbestellung in Jugendstrafsachen. RdJ 1967 - 241 ff.
Rasehorn	Rasehorn, Theo: Was formt den Richter? Über den soziologischen Hintergrund des Richters in der Bundesrepublik Deutschland, in: Böhme 1 ff.
Rasehorn Namen	Rasehorn, Theo / Ostermeyer, Helmut / Hasse, Fritz / Huhn, Diether: Im Namen des Volkes? Vier Richter über Justiz und Recht. Neuwied/Berlin 1968
RdJ	Recht der Jugend. Vereinigt mit Recht und Wirtschaft der Schule
Reiche	Reiche, Günther: Zur notwendigen Verteidigung im Jugendstrafrecht. SchlHA 1965 - 225
Reynold	Reynold, Heinrich: Justiz in England. Eine Einführung in das englische Rechtsleben. Köln/Berlin/Bonn/München 1968
Reynold	Reynold, Heinrich: Der englische Strafprozeß. DRiZ 1962 - 74 ff.
RGBl	Reichsgesetzblatt
RGSt	Entscheidungen des Reichsgerichts in Strafsachen. Amtliche Sammlung
RiStV	Richtlinien für das Strafverfahren vom 13. April 1935 in der Neufassung vom 1. Oktober 1953
Roesen	Roesen, o. V.: Anmerkung zum Urteil des OLG Stuttgart vom 30. September 1949. NJW 1950 - 359

Romberg	Romberg, Harold Percy: Die Richter Ihrer Majestät. Porträt der englischen Justiz. Stuttgart/Berlin/Köln/Mainz 1965
Roskothen	Roskothen, Ernst: Französisches Strafverfahrensrecht. Rechtsvergleichende Untersuchungen zur gesamten Strafrechtswissenschaft. Neue Folge, Band 3. Bonn 1951
Roth	Roth, Uta Margrit: Das französische Strafverfahrensrecht und seine Reform. Dissertation Freiburg im Breisgau. Freiburg im Breisgau 1963
Roxin	Roxin, Claus: Sinn und Grenzen staatlicher Strafe. JuS 1966 - 377 ff.
RStPO	Reichsstrafprozeßordnung
RuP	Recht und Politik
Sarstedt	Sarstedt, Werner: Die Revision in Strafsachen. 4. Auflage. Essen 1962
Sarstedt	Sarstedt, Werner: Zur Frage der Bestellung des bisherigen Wahlverteidigers zum Pflichtverteidiger. Anmerkung zum Beschluß des KG Berlin vom 16. Oktober 1957. JR 1957 - 470 f.
Schaffstein	Schaffstein, Friedrich: Jugendstrafrecht. Eine systematische Darstellung. 3. Auflage. Stuttgart/Berlin/Köln/Mainz 1970
Schiffer	Schiffer, Eugen: Die deutsche Justiz. Grundzüge einer durchgreifenden Reform. 2. Auflage. München/Berlin 1949
SchlHA	Schleswig-Holsteinische Anzeigen. Justizministerialblatt für Schleswig-Holstein
Schlotheim	Schlotheim, Hans-Hartmann Freiherr von: Sinn und Zweck des Strafens und der Strafe. MoKrim 1967 - 1 ff.
R. Schmid	Schmid, Richard: Unser aller Grundgesetz? Praxis und Kritik. Frankfurt am Main 1971
R. Schmid	Schmid, Richard: Weltanschauliche Hintergründe in der Strafrechtsprechung, in: Böhme 31 ff.
R. Schmid Einwände	Schmid, Richard: Einwände. Kritiken an Gesetzen und Gerichten. Stuttgart 1965
Schmidhäuser	Schmidhäuser, Eberhard: Zur Frage nach dem Ziel des Strafprozesses, in: Festschrift für Eberhard Schmidt zum 70. Geburtstag, herausgegeben von Paul Bockelmann und Wilhelm Gallas, S. 511 ff. Göttingen 1961
Schmidt	Schmidt, Herbert: Die Pauschvergütung des § 99 BRAGebO. AnwBl 1972 - 69 ff.
EbSchmidt	Schmidt, Eberhard: Die Rechtsstellung der Staatsanwaltschaft. MDR 1951 - 1 ff.

EbSchmidt	Schmidt, Eberhard: Probleme der Struktur des Strafverfahrens unter rechtsstaatlichen Gesichtspunkten. DRiZ 1959 - 16 ff.
EbSchmidt Geschichte	Schmidt, Eberhard: Einführung in die Geschichte der deutschen Strafrechtspflege. 3. Auflage. Göttingen 1965
EbSchmidt Inquisition	Schmidt, Eberhard: Inquisitionsprozeß und Rezeption. Studien zur Geschichte des Strafverfahrens in Deutschland vom 13. bis 16. Jahrhundert. Leipziger rechtswissenschaftliche Studien, Heft 124. Leipzig 1940
EbSchmidt Justiz	Schmidt, Eberhard: Die Sache der Justiz. Justizrechtliche Grundsätze und ihre Konsequenzen im prozessualen Recht. Göttingen 1961
EbSchmidt Kolleg	Schmidt, Eberhard: Deutsches Strafprozeßrecht. Ein Kolleg. Göttingen 1967
EbSchmidt LK I	Schmidt, Eberhard: Lehrkommentar zur Strafprozeßordnung und zum Gerichtsverfassungsgesetz. Teil I: Die rechtstheoretischen und die rechtspolitischen Grundlagen des Strafverfahrensrechts. 2. Auflage. Göttingen 1964
EbSchmidt LK II	Schmidt, Eberhard: Lehrkommentar zur Strafprozeßordnung und zum Gerichtsverfassungsgesetz. Teil II: Erläuterungen zur Strafprozeßordnung und zum Einführungsgesetz zur Strafprozeßordnung. Göttingen 1957
EbSchmidt Nachträge	Schmidt, Eberhard: Lehrkommentar zur Strafprozeßordnung und zum Gerichtsverfassungsgesetz. Nachträge und Ergänzungen zu Teil II (Strafprozeßordnung). Göttingen 1967
H. Schmidt	Schmidt, Hartmut: Die Pflichtverteidigung. Dissertation München. München 1967
H. W. Schmidt	Schmidt, Hans-Wolfgang: Notwendige Verteidigung gemäß § 140 Abs. 2 StPO. MDR 1958 - 644 ff.
Schmidt-Leichner	Schmidt-Leichner, Erich: Das neue Recht im Strafverfahren. Zugleich eine Stellungnahme zu einem „Leitfaden zur kleinen Strafprozeßreform". NJW 1965 - 1309 ff.
Schorn	Schorn, Hubert: Der Strafverteidiger. Ein Handbuch für die Praxis. Frankfurt am Main 1966
Schorn Richter	Schorn, Hubert: Der Strafrichter. Ein Handbuch für das Strafverfahren. Frankfurt am Main 1960
Schueler	Schueler, Hans: Der Anspruch des Pflichtverteidigers auf volle Gebühren. AnwBl 1960 - 87 ff.
SchwZStR	Schweizerische Zeitschrift für Strafrecht
Seibert	Seibert, Claus: Die Kunst der Verteidigung. JR 1951 - 337 ff.

Seibert	Seibert, Claus: Zur notwendigen Verteidigung. DRiZ 1956 - 152 f.
Seibert	Seibert, Claus: Zum fahrlässigen Betrug. NJW 1956 - 1466 ff.
Seydel	Seydel, Helmut: Anmerkung zum Beschluß des BGH vom 3. März 1964. NJW 1964 - 1035 f.
Siegel	Siegel, Heinrich: Deutsche Rechtsgeschichte. Ein Lehrbuch. 2. Auflage. Berlin 1889
Siegert	Siegert, Karl: Richter, Staatsanwalt und Beschuldigter im Strafprozeß des neuen Staates. ZStW Bd. 54 (1935) - 14 ff.
Stackelberg	Stackelberg, Curt Freiherr von: Anmerkung zum Beschluß des OLG Frankfurt am Main vom 23. Mai 1958. AnwBl 1958 - 175 f.
Stackelberg	Stackelberg, Curt Freiherr von: Der Anwalt im Strafprozeß. AnwBl 1959 - 190 ff.
Statistisches Bundesamt	Statistisches Bundesamt Wiesbaden: Organisation, Personal und Geschäftsanfall der ordentlichen Gerichte 1969, in: Fachserie A: Bevölkerung und Kultur, Reihe 9: Rechtspflege. Stuttgart/Mainz 1971
StGB	Strafgesetzbuch
StPO	Strafprozeßordnung
Streiff	Streiff, Heinrich: Die Strafrechtspflege im Kanton Glarus. Darstellung und Kritik auf geschichtlicher Grundlage. Zürich 1948
Sundelin	Sundelin, P. (Herausgeber): Sammlung der neuern deutschen Gesetze über Gerichtsverfassung und Strafverfahren. Berlin 1861
Trowitz	Trowitz, Ernst Gerhard: Der Einfluß der Aufklärungsphilosophie auf das Strafprozeßrecht in Preußen bis zur Criminalordnung von 1805. Dissertation Hamburg. Hamburg 1955
Ullrich	Ullrich, Hans: Nochmals: Die Verteidigerbestellung in Jugendstrafsachen. RdJ 1968 - 335 f.
Vargha	Vargha, Julius: Die Verteidigung in Strafsachen. Wien 1879
Wassermann	Wassermann, Rudolf: Richter, Reform, Gesellschaft. Beiträge zur Erneuerung der Rechtspflege. Recht, Justiz, Zeitgeschehen, Band 6. Karlsruhe 1970
Wassermann	Wassermann, Rudolf: Das moderne Richterbild. RuP 1969 - 88 ff.
Wassermann	Wassermann, Rudolf: Die Justiz ertrinkt in einem Meer von Bagatell-Kriminalität. Frankfurter Rundschau vom 28. Dezember 1972
Weimar	Weimar, Robert: Psychologische Strukturen richterlicher Entscheidung. Basel/Stuttgart 1969

Weißler	Weißler, Adolf: Geschichte der Rechtsanwaltschaft. Leipzig 1905
Welzel	Welzel, Hans: Das deutsche Strafrecht. Eine systematische Darstellung. 11. Auflage. Berlin 1969
Wiethölter	Wiethölter, Rudolf: Rechtswissenschaft. Funkkolleg zum Verständnis der modernen Gesellschaft. Eine Vorlesungsreihe der Johann-Wolfgang-Goethe-Universität Frankfurt am Main in Zusammenarbeit mit dem Hessischen Rundfunk. Frankfurt am Main/Hamburg 1968
Wilda	Wilda, Wilhelm Eduard: Geschichte des deutschen Strafrechts. Erster Band: Das Strafrecht der Germanen. Halle 1842
Wimmer	Wimmer, August: Einführung in das englische Strafverfahren mit rechtsvergleichenden Bemerkungen. Bonn 1947
Worm	Worm, Manfred: SPD und Strafrechtsreform. Politische Studien, Beiheft 8 (= Dissertation München). München/Wien 1968
Würtenberger	Würtenberger, Thomas: Die irrationalen Elemente bei der Strafzumessung, in: Böhme 57 ff.
Würtenberger	Würtenberger, Thomas: Strafrichter und soziale Gerechtigkeit. SchwZStR Bd. 75 (1959) - 35 ff.
Würtenberger Kriminalpolitik	Würtenberger, Thomas: Kriminalpolitik im sozialen Rechtsstaat. Ausgewählte Aufsätze und Vorträge 1948 - 1969. Stuttgart 1970
Würtenberger Situation	Würtenberger, Thomas: Die geistige Situation der deutschen Strafrechtswissenschaft. Freiburger Rechts- und Staatswissenschaftliche Abhandlungen, Band 7. 2. Auflage. Karlsruhe 1959
Zachariae	Zachariae, Heinrich Albert: Die Gebrechen und die Reform des deutschen Strafverfahrens. Göttingen 1846
Zachariae Handbuch	Zachariae, Heinrich Albert: Handbuch des deutschen Strafprozesses. Zweiter Band. Göttingen 1861
ZAV	Juristen: Die Situation auf dem Arbeitsmarkt. Auszüge aus einer Informationsschrift der Zentralstelle für Arbeitsvermittlung der Bundesanstalt für Arbeit in Frankfurt am Main. Analysen, Heft 5/1971 - 21
ZRP	Zeitschrift für Rechtspolitik
ZStW	Zeitschrift für die gesamte Strafrechtswissenschaft
Zwengel	Zwengel, Otto: Das Strafverfahren in Deutschland von der Zeit der Carolina bis zum Beginn der Reformbewegung des 19. Jahrhunderts. Niederlauken (Taunus) o. J.

Printed by Libri Plureos GmbH
in Hamburg, Germany